"制"敬百年
——百年老字号青年说

主　编　刘陈鑫

副主编　姜森云

上海交通大学出版社

SHANGHAI JIAO TONG UNIVERSITY PRESS

内容提要

本书是上海商学院立足于大学生传统商业文化教育，开展"百名师生寻访百家百年老字号"项目的成果之一。本书着重梳理了老凤祥、百雀羚、凤凰、回力等20个上海制造类老字号的发展历程以及品牌文化内涵，不仅展现了大学生在实践活动中对拥有百年历史的上海品牌的认识，对品牌发展的思考，也提高了师生对传统商业文化继承与发扬的信心，体现了高校实践育人的成果。本书的阅读对象主要为高校师生以及对上海本土制造业、传统老字号感兴趣的群体。

图书在版编目（CIP）数据

"制"敬百年：百年老字号青年说 ／ 刘陈鑫主编；姜森云副主编． — 上海 ：上海交通大学出版社，2023.11
ISBN 978-7-313-29027-4

Ⅰ.①制… Ⅱ.①刘… ②姜… Ⅲ.①老字号–介绍
–上海 Ⅳ.①F279.275.1

中国国家版本馆CIP数据核字(2023)第124412号

"制"敬百年——百年老字号青年说
ZHIJING BAINIAN——BAINIAN LAOZIHAO QINGNIANSHUO

主　　编：刘陈鑫		副 主 编：姜森云	
出版发行：上海交通大学出版社		地　　址：上海市番禺路951号	
邮政编码：200030		电　　话：021-64071208	
印　　制：上海万卷印刷股份有限公司		经　　销：全国新华书店	
开　　本：880 mm×1230 mm　1/32		印　　张：6.375	
字　　数：140千字			
版　　次：2023年11月第1版		印　　次：2023年11月第1次印刷	
书　　号：ISBN 978-7-313-29027-4			
定　　价：68.00元			

编　委　会

序

　　"上海百年老字号（制造业）寻访"工程，即百年老字号寻访，发挥共青团实践育人优势，引导青年学生聚焦上海老字号改革创新发展和打响"上海品牌"制造实际，注重学生对上海百年老字号兴办初心的寻访，注重学生对同类国际品牌的优劣比较，注重学生对上海百年老字号未来发展创新的建议及寻访对其自身知识体系建构与思想认知与发展的启示。在激发青年学生探索与创新精神的同时，帮助高校青年学生在国家与个体、理想与现实、理论与实践、历史与未来等的辩证关系中明晰主体地位、厘清前进方向、勾勒发展图景，将思想引领的教育功能转化为促进青年学生健康发展、成长成才的强大思想动力。

　　百年老字号寻访与政治引领的契合。百年老字号特色工艺中蕴涵着创新文化，优良品质中蕴涵着品质文化，质朴经营中蕴涵着诚信文化，应对时事中蕴涵的责任文化，有助于青年学生深化对"坚持文化自信是更基础、更广泛、更深厚的自信"的认识；百年老字号发展过程中面临的技术更新、产品更迭、消费偏好等困境有助于青年学生深化对"供给侧结构性改革"意义的理解；百年老字号国际化战略的实施有助于青年学生加强对"正确认识中国特色和国际比较"的感悟；百年老字号基于厚重历史形成的品牌故事有助于深化青年学生对"讲好中国故事"的现实体会。

寻访工程有助于增强青年学生对传统文化的自信，对中国（上海）品牌的自信，实现爱国主义和集体主义的凝聚。

百年老字号寻访与道德引领的契合。百年老字号店名、店训、店规等蕴含的去利怀义等道德元素为青年学生树立"诚信"价值观提供了历史视角；百年老字号对其事业的坚守和卓越运营，为青年学生形成"敬业"价值观提供了现实参照；百年老字号"顾客至上、服务第一"服务理念与实践为青年学生深化"友善"价值观提供了主体视角。百年老字号在初创、发展过程中所遵循、延展和传承的自强不息、敬业乐群、扶危济困等传统美德为青年学生塑造道德理念和规范提供了鲜活、现实的素材。

百年老字号寻访与发展引领的契合。百年老字号品牌优势的挖掘和培育有助于学生加深对"致天下之治者在人才"的感悟；百年老字号不同的转型方向有利于青年学生加深对"问题在于改变世界"的认识；百年老字号对产品的精益求精、坚持和专注，有助于青年学生潜心学习，厚积而薄发。寻访工程在项目参与和体验的过程中，强化学生的比较思维，分析能力的锻炼，通过政治价值、道德价值的增值来实现发展价值的增值，使商科人才更好认知自身的专业属性和未来的职业属性，强化对职业道德的培养，对职业规划的重视等，以卓越素质助力未来发展。项目的开展有利于将情感元素、时尚元素、专业元素、文化心理因素等植入高校共青团思想引领工作体系之中，增强思想引领的人本气息和现实性，激发青年学生成长成才的内生动力。

在百年老字号寻访中，青年学生结合自己的知识优势，就国家发展、社会民生等现实问题广泛开展研究，引导他们自觉走与实践结合的道路。在实地寻访、实地考察、实地感受中加强对社会问题与内在规律的思考与研究，注重运用历史思维，充分发挥青年学生主体性在项目开展过程中的作用，善于从青年群体技术体验的角度，从青年群体时代使命的角度，从青年群体文化属性的角度提出具有学术价值、科研价值、培育价值的方法与建议，对实践成果进行汇总和凝练，使探索性成果、创新性成果、总结性成果进行固化，以出版、宣讲等形式对成果进行集中展示和宣传，记录下项目参与者不同的能力培养，不同的观念转变，不同的成长心得，以青年学生的故事激发更多的青年学生参与到项目的后期延伸与打造之中，为项目的品牌化建设和品牌化效应奠定基础。

上海百年老字号（制造业）寻访工程，将学生的寻访感悟集结出版，将学生的实践性成果转化为出版物，找准自身发展的时代坐标，促进专业知识的学以致用和知识建构的主动探究，提升共青团思想引领的实效。

本书编委会

2023 年 10 月

目　录

服　饰　类

美　妆　类

医 药 类

机 械 类

服饰类

恒 源 祥

——横罗百货，源发天祥

指导老师：袁君霞

项目成员：陈永沼　樊泽俊　金方义　娄福霖

百年蜕变：从卖毛线到纺织帝国

（一）百年老店的成长历程

恒源祥，是一个创立于1927年的中国老字号品牌。恒源祥集团的产品涵盖绒线、针织、服饰、家纺等大类，旗下有"恒源祥""彩羊""小囡"等品牌。1991年恒源祥是中国确立市场经济体制后最早实施品牌运营的企业；1999年，它又成了中国最早进行特许经营的企业。目前，恒源祥拥有100余家加盟工厂、500多家加盟经销商以及7000多个加盟销售网点。中国省级市场销售网点覆盖率为100%，地、市级市场网点覆盖率超过94%，县级市场网点覆盖率超过60%。2005年12月22日，恒源祥正式成为北京奥运会赞助商，这是奥运历史上第一家非运动纺织服装类企业赞助商；2008年11月30日，恒源祥又成为中国奥委会的首家合作伙伴；2010年，恒源祥成为上海世博会特许生产、零售商；2012年11月20日，恒源祥继续成为2013—2016年度中国奥委会赞助商。恒源祥目前成功为北京、伦敦、里约三届奥运会中国代表团打造了礼仪服饰。2014年，恒源祥正式宣布成为体育界的奥斯卡——劳伦斯奖颁奖典礼主办方，这也是首家成为劳伦斯奖主办方的企业。

（二）一条"从简"的崛起之路

恒源祥尊崇"大道至简"，但"从简"并非简陋、偷工减料，相反，在品牌发展史上"恒源祥"用成功经验证明了这个哲理。无论是"恒源祥"的品牌运作模式还是广告策略，都将"大道至简"运用到了极致。

1. "超级轻资产"商业模式

中国服装业是最早进入"品牌争霸"的产业，市场竞争早已从产品的品质竞争变为品牌之间的较量。成立于1998年的恒源祥服饰有限公司经过几年的摸索，通过"超级轻资产"的商业模式，并凭其强大的品牌运作与独特的营销策略赢得了市场。

耐克创建的模式为"轻资产运营"（Asset-light strategy），耐克的总部只负责品牌运作、品牌管理、产品研发、渠道建设和管理，生产全部外包。恒源祥比耐克在轻资产的道路上走得更远，做得更彻底、纯粹。

恒源祥只做品牌运作和管理，不仅生产外包，连产品研发和渠道都交给别人去经营。换句话说，"恒源祥"只管打广告吸引消费者购买，生产是工厂的事；渠道是渠道商的事；开店是加盟商的事；产品研发是设计师的事。这种商业模式相当于把自己比作太阳，其他生产商、渠道商、加盟商、设计师都是围绕太阳运转的卫星。

2. 品牌运作的事件营销策略

恒源祥既然只做品牌运营和管理，那么就需要千方百计地提升品牌知名度，不断提高品牌资产，让品牌快速增值是它唯一的使命。提高品牌知名度，除了常规的广告之外，事件营销是最快的方法，一个可以引起轰动的事件，自然能够吸引广泛的关注。

2004年3月，恒源祥策划了一次事件营销。在澳大利亚一个盛大的羊毛拍卖会上，恒源祥以600万元人民币买下90公斤顶级超细羊毛。因为在以往的拍卖中，超细羊毛大多被意大利著名公司拍走，最后流入巴黎、米兰、纽约或东京高档服装店。此次恒源祥在澳大利亚悉尼拍卖会上力挫意大利、日本、澳大利亚、韩国等众多羊毛大鳄，成为这捆"金羊毛"的主人，创下了三个第一：中国企业第一次成功参与如此盛大的羊毛拍卖会；拍下了迄今世界最细的羊毛，只有11.9微米；拍下了迄今世界最昂贵的羊毛。专业人士介绍，只要细度在19.5微米以下就是超细羊毛，之前成功开发的最细羊毛的细度是15微米，而恒源祥本次购得的羊毛只有11.9微米。在此背景下，恒源祥自然声名大噪，轰动全球，使品牌知名度一飞冲天。

3. 极简的广告策略

恒源祥的广告策略可谓简单直白，就六个字"恒源祥，羊羊羊"，在一个五秒的电视广告片中用童声重复三次，然后就是在各个电视台各种节目中反复投放这个广告。广告画面也许记不住，但广告的声音品牌名字深入人心即可。

恒源祥的广告策略虽然简单，但完全符合传播的本质。宣传的本质是重复，而接受信息的本质是遗忘，所以，要让消费者记住你的广告，策略就是——用重复对抗遗忘！因此，广告中"恒源祥，羊羊羊"重复说三遍，在所有的媒体统一投放这个广告，即"用重复对抗遗忘"。事实证明这个策略非常有效，消费者虽然可能不喜欢这个广告，但确实牢牢记住了，购买时品牌也成为他们的选择。

暂时的没落不是永久的沉默

（一）国内外同行业的差异比较

1. 恒源祥与国内同类服装设计品牌比较——海澜之家

海澜之家在一般人眼里只是一个服装品牌，但实际上它从诞生之日起就已经超越了传统服装品牌的内涵，它是一个营销品牌、一个服务品牌、一个连锁零售品牌。"海澜之家"男装自选连锁超市已在全国全面铺开，市场销售态势良好，2010年底，全国各地连锁店已开满1300家。海澜之家能够在短时间内迅速崛起有以下几个原因：

1）广告植入，推动营销

"海澜之家"曾聘请香港王牌主持人吴大维先生出任形象代表人，后又聘请有"内地四小生"之誉的印小天任形象代言人，其青春、健康的"海澜之家"男装形象广告曾在中央新闻联播、天气预报、晚间新闻、对话等黄金档节目中热播，极大地扩大了品牌影响力。

与"海澜之家"相比，恒源祥的广告营销初期也很成功，洗脑式的广告词很快让人记住，但久而久之，人们的厌烦感便出现了。恒源祥没有找到很好的替代方式，它不找代言人，也不通过电视媒体展示自己的商品，可以说恒源祥的广告营销后继无人。

2）无干扰、自选式的购衣模式

男人购物是需要才买，看中就买，并且不喜欢有人在旁边跟着、盯着，如果有人不停地和他说这件好、那件好，他就会感觉不自在。海澜之家男装自选超市摒弃传统的"人盯人"的导购模式，倡导无干扰、自由自在的购物方式。需要服务并按铃时，才有专业的服务人员来到你的身边提供优质周到的服务。

海澜之家的服饰产品按品种、号型、规格分类出样陈列，并且设有一目了然的自选导购图，消费者可以根据自己身高、体型轻松自选购衣。正是这种轻松、方便的购衣体验，使更多男性消费者愿意来海澜之家，选了西服选衬衫、选了衬衫选领带、选了领带选皮带，避免了多店购物的烦琐，成为时尚便捷的全程"一站式"消费。相反，恒源祥的门店什么都卖，从男女装到内衣甚至家纺，品类多却限制了统一品类的样式，也就是说一家门店内可供选择的男装受到其他品类的挤压不得不缩减样式，间接使消费者的购物过程变得麻烦。

3）新思维超前研发

海澜之家在品牌创新中注重产品研发。海澜之家不仅拥有一支自主设计的设计师队伍，而且与东华大学等高等院校进行合作，成立研发中心，积极研究服装的技术开发及发展趋势和新产品开发，开发出抗皱型裤、抗皱防缩新型衬衣、抗静电服等一大批新产品。比如"海之唯"可机洗羊毛西服就是"海澜之家"诸多创新产品中的佼佼者。

海澜之家设立了设计创意园，用来研讨设计新理念、新思路。还举办了包括清华大学、北京服装学院在内的数十所服装院校学生设计创意大赛，既丰富和锻炼了后备设计力量的设计思路和智慧，使一批优秀创意设计作品脱颖而出，为海澜之家选拔优秀人才提供了有利的条件，也为海澜之家产品研发走在全国同行业前列搭建了一个很好的平台。此后，每月海澜之家研发产品和定向开发推出的新款式就有数十个，投放市场后受到了消费者的喜爱。而恒源祥的样式却比较单一，缺乏创新。

4）四季无淡季

在中国市场，很多品牌在销售上只做春秋冬三季，大都把夏季当作淡季，只是过渡一下。海澜之家通过广泛深入的市场调查分析，针对夏季市场，主推T恤、衬衫、休闲裤等产品，大胆运用红、黄、绿、橙、紫、蓝等亮丽色彩，并增强产品的功能性，提高产品的服用性能，深受消费者欢迎。在推出新品的同时，加大了畅销产品的投放量，做到数量足、尺码全，确保不断货，保证了每个门店的销售。海澜之家改变了传统的男装经营理念，把淡季当作旺季做，做到了一年四季都是旺季。

2. 恒源祥与国际同类服装设计品牌比较——CK

CK最令人深刻的即为销售手法，以现代的方式诠释自身性感的形象（全裸、半裸），以一种视觉挑逗的方式来吸引人们的眼球，将性感与自己的品牌结合起来。极简风格是Calvin Klein在设计上的注册商标，也是现今的流行风潮，自信的Calvin Klein曾说设计哲学更趋向于现代主义，会继续专注于美学——倾向于强调一种纯粹简单、轻松优雅的精神，总是试着表现纯净、性感、优雅，并且努力做到风格统一。

CK与美国杜邦公司合作，得到丰富的面料及技术支持。CK大量运用丝、缎、麻、棉与毛料等天然材质，搭配利落剪裁和中性色彩，呈现一种干净完美的形象都市简约的精神。例如：

四管道纤维材料。四管道纤维及纤维之间形成最大的空间，保证最好的透气性，将皮肤表面散发的湿气快速传导至外层纤维。

Microfiber超细纤维。一种高科技的极超细纤维，它的纤维细度是一般棉纤维的十分之一，其吸水速度为纯棉的5倍。

100% 全棉。纯棉本身具有独一无二的透气性和天然性。

恒源祥使用天然羊毛和棉质材料与CK利用高新面料的目的都在于追求商品更高的舒适程度，但是在舒适的基础上，CK同时还满足了消费者对时尚的要求。CK因为使用高新面料和对设计时尚的追求而价位更高。相比之下，恒源祥在面料方面投入相对较少，导致其在设计方面难以吸引消费者呢。

在2008年北京奥运周期当中，恒源祥可以说大放异彩，但从2016年新零售等一系列应互联网时代而出的零售方式出现，恒源祥似乎没有赶上这次的快车，正处于行业内的落后方。

据前瞻产业研究院发布的《2016-2021年中国家纺行业发展前景预测与投资战略规划分析报告》，未来两到三年的家纺行业发展的方向轨迹的判断如下：

1）洗牌在短时间内不会结束，陆续还会有一部分企业因为各种原因倒下

一些发展势头良好的企业，也会加快并购重组的步伐，企业资本组成会更多元化，跨行业、跨区域合作，产业链关联企业联手等，将会成为一种方向。由于缺乏统一的经营管理，每家店的经营特点不同，反而给消费者冗杂纷乱的消费体验。由于企业的控制力较弱，没有将各个门店和工厂联系成一个整体，因此缺少跨行业跨区域的合作实力。

2）竞争会更激烈，渠道细分、消费群体细分、产品细分将会进入一个全新阶段

同样地，恒源祥作为纺织服装类的企业，产品种类繁多复杂，却没有强调重点推出的产品。在同类品牌中，海澜之家定位于男装，水星家纺则定位于家纺类。而恒源祥的门店中有男装、

女装、家纺，甚至连鞋帽都可以见到。在如今消费细致化的潮流之下，消费者希望一家店能够提供同品类的商品尽可能丰富，而不是商品种类的过度丰富。

3）线上、线下之争会更加激烈，线上线下融合会成就部分走在前面的企业

恒源祥的成功，来源于成功的营销。曾经的广告词"恒源祥，羊羊羊"，其强势的方式灌入消费者的脑海中，但是在如今这个互联网崛起的时代，电视广告营销处于下滑的阶段，恒源祥在"羊羊羊"之后，不但没有想到更好的适合互联网的营销方式，连以电视为媒介的广告营销也淡出了人们的视线。总而言之，现在的恒源祥，不但没有做好线上营销，连线下的阵地也放弃了。

除了营销层面，在销售方面，恒源祥的线下店面和线上门店似乎丝毫没有联系，实体店和门店交给加盟者，企业却没有提供联系的渠道，门店更是得不到其他店面和网店的销售大数据。大数据反映消费倾向，而没有大数据的门店，经营起来无异于瞎子摸象，靠感觉，靠经验，是远远不够的。

除此之外，恒源祥的服装还缺乏一定的时尚感。如今各种国外潮牌进入，国内潮牌崛起，人们对时尚有了不同的定义。曾经的恒源祥因为纯羊毛、纯棉的舒适感，大获成功，但是如今舒适是所有服装品牌都做得到的，同时他们还做到了时尚与潮流，那恒源祥的优势又在哪呢？

除了上述这些问题，多数恒源祥实体店面装饰相对简陋，店员没有统一的行为准则，部分店员服务态度不佳，消费者的消费体验糟糕；有些店员狂轰滥炸式的推销，可能并不利于产品的销售；店内商品更是以秋冬季节为主打，夏季的商品种类不多，也就是说，企业给自己限定了门店的淡季。

枯木开花 遇难呈祥——恒源祥发展战略

（一）优化广告结构，满足需求

单纯介绍广告给人印象太平淡，需要强化比较淡的印象，然后再用连续性语言达到重复记忆的效果。其实并不然，恒源祥用一种轰炸机似的广告轰炸着人们的耳朵，挑战受众的忍耐力，这对于一些新兴产业可能有用，但对于恒源祥这样原本就有一定品牌影响力的品牌并不适用。从推广方面来看，确实有一定效果，但为了发展，采用正确的推广战略、树立品牌形象、维持忠诚度应该贯穿于恒源祥的长期战略目标中。犹如一个人，在吃饱穿暖之后还会有更高层次的精神需求，因此，恒源祥在广告中要给人们一种舒适感，在突出品牌的同时可以与人们产生情感共鸣。阶段性运用不同的广告，以达到广告的效益最大化。

（二）转变观念，加强创新

作为上海百年老店，恒源祥的存活离不开领导者与经营者的正确指引、消费者的肯定与鼓励。现今国家提倡双创——创新创业，恒源祥作为百年老店，要积极把握时机，响应国家政策，把自身的企业文化同历史发展、现今政策完美衔接，树立以市场为中心的战略。在企业发展的同时，延伸品牌，以创意带动利润的形成。

（三）维系自身的品牌优势，提升品牌影响力

北京奥运会期间，恒源祥利用春节的时机开展这种"舆论"传播，"口碑"传播，虽然这种口碑不是所谓的赞誉声，起码是针对广告创意。现今也可按照这种情况，通过一些大型活动，争取其赞助权，推广自己。

恒源祥作为中国老字号品牌，注重品牌资产的运营，不断注入新元素，加强引进高科技技术人才，发展创新之路，才能青春常驻。另外，在一定程度上肩负起社会责任，把盈利的一部分用于公益事业，树立公众形象是一个企业缔造品牌必不可少的条件。

（四）转变原料结构，深化范围

据调查，恒源祥都是以棉、羊毛材料为主，在十年前或许很受欢迎，但现今人们对穿着要求更时尚、更有品质、更多元。可以学习CK公司，开发一些新的衣物原料。

恒源祥越来越淡出时尚界，与其他一些新兴企业慢慢拉开了距离，要持续下去就要创新，可寻找给自己支持的合作伙伴以达到共赢。风格也可进行适当的变换，设计出简约时尚的衣物以符合范围更广的人群。

（五）把握重点，潜移默化

现在恒源祥的侧重点不明显，更像是在遍地撒网。做事需要专心致志，缺乏侧重点，很难有好结果。可以学习小米发展的TOF零售新业态，收购生态链企业，用品牌的能力将其结合在一起，使其共同为品牌服务。

总之，中国纺织和服装行业发展几十年，从无到有，从粗放到细分，最近几年进入了一个百家争鸣百花齐放的阶段。随着科技的不断进步，互联网、物联网已经走入我们的生活，改变着我们的生活方式，作为百年老店的恒源祥，不能故步自封，应跟上时代的步伐，做出合理的改善和调整，为下个百年而努力。

古木参天焕新枝：恒源祥调研感悟

恒源祥作为上海的百年老店，品牌是绝对的优势。正所谓品牌决定财富，就像是古董越陈旧越值钱，品牌是一种经济效应，品牌就是企业的文化，作为文化就应该具有一定的文化自信，恒源祥能够在多年来的众多竞争中得以延续生存，自身的硬实力和软实力都有其过人之处。

然而恒源祥慢慢被同行业竞争者超越，越来越淡出人们的视野，需要创新。纯棉、纯羊毛以外新兴材料正在逐渐霸占市场，毕竟新除了价格低廉，还有纯棉、羊毛材质不具备的优点，比如抗起球便于打理。还有一点，恒源祥自身的侧重点似乎并没有那么确定，假如能够多合一，形成一体化，会有一定的竞争优势。之所以部分品牌慢慢超越了恒源祥，就是因为它们专注于某一点。虽然说专一不一定成功，但可以创新，打造出更加符合大众更加贴合市场的风格，兼具时尚性与实用性。恒源祥作为百年老店采用了一种连续记忆的重复语言，五秒三次童声"羊羊羊"。这种广告开始依靠着品牌效应肯定会有很大效果，但恒源祥之后宁愿被骂而被记住也不愿意去更替，让消费者听着也越来越难受，给消费者留下了不好的印象，因此丢失了很多顾客。当前正值互联网发展的热潮期，交流方式改变、零售业近期被推向高点，百年老店不能啃老本，要跟上时代步伐，做出完美的结构策划，为自己下个一百年做出百倍的努力。

这次对恒源祥百年老店的研究让我们这些志同道合的学生聚到一起，通过资料收集整理、实地探访等方式进行横向、纵向深入调研，大家都受益匪浅。

古今内衣

——与时俱进，驻美人间

指导老师：袁君霞

项目成员：邓单飞　朱嘉欣

"一戴添骄"看"古今"

上海古今内衣集团有限公司，中国内衣十大品牌之一，是一家全品类内衣集团公司，创始于20世纪40年代，于1993年10月被正式授予"中华老字号"的称号。作为一个上海老商标，古今内衣是一个秉承"以勤优质、以质见诚、以诚取信、以信立业"理念的企业，其产品融入了中国元素，以奢华、经典、时尚品质著称。

古今品牌系列内衣的经营范围主要有六大类，分别是女性文胸、花式内裤、新潮泳装、沙滩装、睡衣、调整型衣裤。在选料上，古今内衣主要采用全棉与化纤兼容的材料，既注重了健康，又强调了美观。在规格上，古今内衣大致有一般和特殊两种规格。一般规格的内衣面向普通大众，更能适应和满足大众的普遍化需求。特殊规格的内衣可以满足特定的女性群体，个性化产品更能体现古今内衣的优势。在品种上，虽然古今内衣创始于20世纪40年代，但其设计工艺和审美一直紧跟时代的发展。其产品将传统与新潮结合起来，年龄适用范围跨度很大，上到四五十岁的女性，下到十六七岁的少女，都可以在古今品牌挑到自己喜欢和合适的内衣。

古今内衣在创设之初并不叫古今内衣，而是"上海古今胸罩公司"，于20世纪40年代左右设立在今上海淮海中路865号。店铺其实并不是由中国人开设，而是由一名俄罗斯人创立。一开始店铺的规模并不大，其服务范围也并非面向全体社会女性，而是专为洋人和社会地位较高的人提供服务。值得一提的是，其店铺开设之初走的就是定制服装的经营策略，内衣现做现卖。这样的经营状况持续了很长一段时间，直到新中国成立后，古今内衣才渐渐转型为一家专业经营女士内衣的特色商店。

古今内衣距今虽有近百年的历史，但其品牌发展之路，却是从20世纪90年代伊始的。1989年，"古今"店申请注册"古今"牌产品商标。此后十年的时间里，古今内衣企业不断发展。1992年，"古今牌"产品被评为"上海市名牌产品"，而"古今牌"商标也被认定为"上海市著名商标"。

1995年，古今内衣企业转变了经营理念。为了提升品牌的影响力和增加产品的销售量，企业决定扩大规模，突破传统的单店销售模式，改为连锁经营。于是在1995年的6月份，古今内衣在上海市江湾五角场开出了第一家市内连锁店。连锁店一经开设，在市内收到了很好的反响，产品的销售量有了明显的提升。企业决定再次扩大范围，将目标放眼到了全国。于是同年8月，古今内衣在江苏省南京市开设了第一家省外连锁店。自此，古今内衣从一家传统的单店销售公司变成了一家跨省市的连锁企业。其经营策略彻底转变为"品牌连锁，走向全国"。

也是在20世纪90年代末，上海刮起了一阵"时髦风"。紧跟潮流的女郎们带动了上海人对美的追求。伴随着改革开放，这股"时髦风"对上海服装界的影响越来越大，古今内衣也加入了其中。1999年8月19日，古今内衣为了宣传自己的产品，在国内首创了一场内衣动态橱窗真人秀表演。这种内衣秀与当时的内衣秀截然不同，用真人做模特在橱窗内展示商品。当时中国人的思想还没有像现在这般开放和前卫，真人内衣秀引起了人们的好奇。活动一经开展，立马吸引了很多男性观众，甚至连女性观众也慕名前去。当时那一带的道路因为前来观看活动的人太多，发生了交通拥挤事件。鉴于这种活动所造成的负面社会影响，交通部门向古今内衣发出警告，勒令古今内衣企业禁止再举办这种活动。因此，虽然动态橱窗真人内衣秀带来的宣传效应是巨大的，但是古今内衣只举办了这一场，此后便不了了之了。不得不说的是，这一大胆的举措在当时造成了不小的轰动，不仅引起了国内媒体的争先报道，甚至连中央电视台新闻节目也导播了表演现况。古今内衣的活动"是否有违世俗道德"成了社会热议的话题。不论如何，这次活动影响之深远，让古今品牌得到了一次全国范围的传播。这也为古今内衣"品牌连锁，走向全国"的经营战略大大添加了助力。

随着古今品牌的不断发展，企业也不断地为自己注入新的元素以适应时代发展的需求。2007年2月，企业自主创新品牌"尚十六"少女内衣系列产品上市。在此之前，虽然古今内衣的产品涉及的年龄层较为广泛，但针对少女系列的专题较少，大多都是适用于成年女性。在产品的功能设计和审美这两块上，主要还是以成年女性的需求为主。这一品牌的上市,让古今内衣企业的服务范围更广泛,让企业服务社会女性的方式更个性化。2013年3月,时隔六年,古今内衣企业飞速发展,产品远销国外,不仅成了国内的知名内衣企业,在国际上也可与国际大牌比肩。为了将品牌进一步国际化和实现品牌系列化的发展战略,古今内衣将"尚十六"更名为"古今花",并从"花"这一角度延展产品,同时进行商标注册和新VI设计(视觉设计)。

随着时代的进步,电子商务发展迅速。古今内衣的线下商务发展得如火如荼,全国范围内的门店多达数千家,古今电商也迅速发展起来。目前官方网店已入驻淘宝、天猫、唯品会、京东和苏宁易购平台,已授权"古今内衣专营店""新时代内衣专营店"等四家网店售卖产品。

2018年1月30日,古今内衣举办的大型时尚内衣秀"不止是秀"在喜马拉雅艺术中心展开。展会现场,光影与声像的延展,无人机与舞者的结合,都让这场内衣秀展现了它别开生面的一面。新颖、独特的走秀模式,是对古今内衣产品淋漓尽致的展现。科技与产品的结合,也再现了古今内衣的企业实力。这一场发布秀,也向社会宣示了古今内衣在创新的道路上不断迈出的新步伐。古今内衣品牌创立了30余年,如今已成为产供销一体运作、线上线下多渠道共存的综合性企业集团。

棋逢竞品,取长补短

在工艺方面,古今内衣作为中华老字号、上海老商标,有很深的文化底蕴,产品既包含中华古典元素,又融入了现代奢华时尚经典元素,这使得古今内衣品牌满足了多类消费群体的需求。

超声波热切打孔最新工艺，科技感、现代感十足。罩杯底部热切小孔有利于散热、透气，罩杯上缘热切小孔既满足肌肤呼吸，也起到花芽式装饰点缀作用。面料触感柔滑，质感极好，因其良好的透气性和适度调节能力，被誉为会呼吸的网布；拥有独特的弹性功能，不会松弛变形；采用精炼高分子合成纤维纱，针织织法轻编，不仅牢固而且光滑舒适，外观时尚美观。

今天的古今内衣，在历史的汲养下尽情绽放，焕发出更为璀璨夺目的时尚光华。内衣源起汉朝，古称"心衣"；至唐朝，称"诃子"；至宋朝，称"抹胸"；清朝，演变成"肚兜"，中国女性把女性的柔美、性感，以一种独特的方式展示出来，独具韵味。小小肚兜，蕴藏着不尽的昔日情怀，在方寸之间巧妙地为女人塑形修身。舒适的面料，完美凸显出苗条的身姿，精美的刺绣，打造温情含蓄、雅致恬美的女人风，几根细细的系带，让今日的你仿佛也沾上了古典闺秀的娇艳缠绵。俄式文胸的诞生，宣告了古今胸罩时代的来临。前店后工场的二开间店铺，素颜静美的棉布文胸应运而生，它有着轻薄纤秀的外表，凝结繁复精湛的工艺，成为每一位沪上女性的不二选择。

维多利亚的秘密，作为美国连锁女性成衣零售店、内衣是其以性感著称的全球知名产品。

同时，项目组成员在走访调研时也发现了古今内衣在营销等方面的问题，一方面，位于淮海中路的古今内衣店铺与我们在网上看到的店铺图片相差甚大，内衣店铺装修不起眼且门店外有一块巨大的展示牌遮挡品牌logo，很难引起消费者的注意，店铺里面的内衣款式缺少创新，不能很好地吸引年轻人群体；另一方面，成员们通过互联网大量收集相关信息进行进一步分析发现，古今内衣品牌网店推出来的品牌内衣款式大多数针对中年女性层次消费群体和青少年群体，而针对现在市场上占有率最大的18—25岁的消费群体的内衣款式较少。

在工艺方面，维多利亚的秘密内衣看似简单的一件文胸，实则凝聚着纷繁复杂的工艺。维密的总裁把"维多利亚的秘密"这一品牌描述成的调性定位于魅力、美丽、时尚及一点儿浪漫。将品牌打造成最适合女性的身体和情感需求的时装品牌。维密创造性地引进了新产品生产线，如"第二层皮肤缎面"、主要用棉织品做的"性感形体服"及"完美外形"的乳罩产品尤其畅销，所以公司计划每年开发一种新的乳罩款式；在理念方面，作为一个女性内衣品牌，维多利亚的秘密这个名字无疑是成功的，在公司的运营下，品牌名称为产品的神秘感和高贵感的塑造提供了空间，成为神秘、魅力、奢侈的代名词。它引领的不仅仅是时尚，更是一种生活态度。维多利亚的秘密品牌一直提倡"穿出你的线条、穿出你的魅力，穿出属于你的一道秘密风景"。

古今新风尚，变革创新正当时

根据调研结果，我们团队对于古今内衣品牌的未来发展方向提出了几点建议：

第一，在产品内容上，该品牌的愿景是成为最有影响力、最受国内外消费者信赖的奢华、经典、时尚的中国内衣品牌，针对此，该品牌应该在品牌产品上进行创新，不仅增加针对18—25岁的消费群体的内衣款式，还应对已经确定服务的另两类消费群体的内衣款式增加新的元素；

第二，在品牌营销上，该品牌可以邀请二三线明星作为广告代言人进行宣传，从而在不会增加太多成本的基础上更进一步加深品牌在消费者心目中的印象。品牌不应该只限于店铺清仓打折，可以尝试新零售的模式运用，线上线下企业结合加上物流体系，以线下品牌做推广为主，通过线上渠道来提升品牌的曝光度和知名度；

第三，在店铺装饰选址方面，该品牌应该选在人流量更大、没有任何遮挡物的地区，更容易吸引消费者的注意；在店铺装饰方面，该品牌可以对logo进行翻新，在店铺装修上增加新元素，可以选用更吸引消费者的墙纸来增加消费者对店铺的兴趣；

第四，在品牌宣传上，古今内衣可以向维密内衣学习，在现在的大都市上海增加内衣秀的场次以及提升质量，邀请更加有名的模特进行试穿展示，还可以赠送品牌内衣秀的票给忠诚消费者们进行观看，使得品牌得到更好的推广。

第五，在店铺工作人员上，可以选择更加年轻化的工作人员进行服务，他们更具有活力和创新思维，可以更好地服务各类消费群体。通过对多家门店的实地走访调研，我们发现古今内衣品牌店铺里面的工作人员大多数是中老年人，对于年轻消费群体服务热情不高，在顾客进行挑选的时候，他们只在旁边看着，只有等消费者询问才去服务回答。而对于中年女性和青少年两类消费群体，他们则是观察，等她们自己选择款式，然后直接去拿产品让消费者付款，这对于品牌形象的建立非常不利。公司应该提高对消费者的重视程度，消费者对品牌形象的建立有很大的影响，有了好的品牌形象才会促进消费者进行良好的反馈，带动更多的消费者来该品牌消费。

求新求变，匠心酿造：走访感悟

从商业的角度而言，古今内衣企业的成功，向我们揭示了要想取得巨大的成功，必须在创新这一条路上有所建树才行。企业登在南北高架道路上的广告和后来国内首创的内衣橱窗动态秀，在那一时代背景下，其实都是对传统世俗观念的一种冲击。这种举措无疑会引起社会的轰动和热议，尽管会扩大品牌的知名度，但同时也会给企业形象的塑造带来一定的挑战。创新是具有一定的风险的，必须要以发展的眼光来看待当前的事物和待解决的问题，绝不能被眼前的障碍所局限。只有这样，才能做出正确且符合时代进程的决策。

"打铁还需自身硬。"创新是为了让顾客获得更好的产品，一切都是从产品本身出发的。古今内衣从选料到规格再到外观设计上，都切实在为顾客着想。古今内衣既考虑到了不同年龄的顾客需求，又考虑到了一些顾客的个性化需要。从顾客的需求出发设计和生产产品，把顾客的利益放在第一位，是企业成功至关重要的因素。另外，企业也应该放眼国际、放眼世界，从世界各地学习先进的生产技术和一流的管理方法引为己用，提升企业的综合实力，用国际化的标准要求自身，不断地向世界一线品牌靠拢。只有将目光放到全世界，才能真正代表中国企业站在世界顶级内衣品牌的行列。

古今内衣之行，让项目成员深切感受到了传统内衣品牌的独特魅力，了解到这一百年老字号的过往，在寻访中品味历史故事，在历史故事中品味老字号积淀的魅力。让我们明白古今内衣之所以是老字号，其背后的原因是品牌一直坚持的理念和优秀的品牌精神。

百年老字号在新的历史背景下走向新的舞台，百年老字号的内衣，历史悠久，既有时代烙印，又与时俱进。我们要保护好这些老字号招牌，将这些老字号背后的故事一代一代地传下去。

回　力

——回天之力，国品担当

指导老师：袁君霞

项目成员：杜田意　郝悦宸　张　玥　王子玥

小小回力鞋，鞋中"大哥大"

回力作为中国最早的时尚胶底鞋品牌，在20世纪70年代几乎就成为运动休闲鞋类的唯一象征，可以说是球鞋中真正的"大哥大"。

回力鞋的历史最早可以追溯到1927年。最早是由杂货店伙计出身的江苏江阴人刘永康与人合资开设的，当时的工厂名字为火星橡皮制物厂。1935年，上海正泰公司正式注册了"回力"和"Warrior"商标。而"回力"之名，也来自"Warrior"一词的音译，并蕴含"回天之力"一意。

1948年全运会期间，回力于运动场内设置醒目的大型广告牌，雇飞机从空中飞撒宣传单，为新出的弓形特制球鞋造势，一时名声大噪。而从20世纪50年代起，回力已经成为中国专业体育界的首选用鞋。1956年10月，回力为国家篮球队参加奥运会研发出回力牌565型经典篮球鞋。1979年，WB-1篮球鞋横空出世。1981年，中国女排穿着回力球鞋夺得第三届世界杯冠军。此外，乒乓鞋、田径鞋、网球鞋，许多中国国家队队员的脚上，也都能看见"回力"比赛专用鞋。

二十世纪七八十年代，无疑是回力最辉煌的时代，回力鞋销售额曾高达8亿元人民币，既是获得专业运动员认可的装备，亦是让老百姓都想悉心爱护的"潮"牌国货。

然而，在进入90年代后，回力鞋业日渐没落。一方面，整个鞋业市场竞争残酷、激烈，效益普遍下滑；另一方面，中国的运动鞋产业迎来了广东和福建系鞋厂的时代，安踏、特步、李宁等品牌迅速占领市场，成为新一代的国货象征。而除了新兴国内品牌的崛起，耐克、阿迪达斯等一大批国外企业也在纷纷进驻中国市场，严重冲击了回力品牌。从1994年开始，回力鞋业旗下的七家工厂以一年一家的速度关闭。2000年2月，回力鞋业破产重组。幸运的是，在上海回力鞋业总厂宣告破产后，"回力"商标转至上海华谊（集团）公司得以保全，随后成立了上海回力鞋业有限公司。

当日子逐渐丰裕的时候，回力鞋逐渐被耐克、阿迪达斯、李宁、安踏等品牌所取代，曾经的辉煌逐渐消逝。然而，最近几年这一淡出人们视线很多年的国货品牌在沉寂了许多年以后又开始流行。当年风靡全国的回力品牌最初被明星们发掘，成为潮品。更逢2008年的北京奥运会和2010年的上海世博会，回力抓住了机遇，将回力品牌推向国内外市场，同时获得了世博会特许生产商和零售商的资格，回力手绘鞋还进入世博会场馆进行展示。这不仅展示了回力品牌的历史文化内涵，还彰显了体育品牌的特色。随着最近的"国货热"和"复古风"的流行，回力鞋被越来越多的人所注意，现在更有从小众走向大众的趋势。

然而，如今的李宁、安踏等国产品牌迅速崛起，国内的运动鞋市场份额基本被瓜分完毕，国外的阿迪达斯、耐克、匡威、Vans等品牌也占据着运动鞋行业的主要市场。回力作为已经没落了很久的民族品牌，要想在如此激烈的市场竞争中脱颖而出并不容易。

龙争虎斗群英集，回天之力显力难

（一）回力鞋业与国产休闲鞋差异性比较——以人本为例

由于经济时代中人们的生活节奏加快，而休闲鞋顺应了人们对休闲生活的渴望，因此迅速成为当今时代流行的鞋子。伴随着社会经济的迅速变革，人们的价值观和审美观也产生了巨大的变化，并且同时呈现出个性化、多样化的特点。与此同时，电商的发展也推动整个社会发生着巨大的变革。于是，牢牢把握电商时代机遇的人本鞋业实现腾飞。

人本诞生于1986年，主打舒适，专攻国内市场（专为中国人脚型设计），是帆布鞋行业国家标准制定单位之一。因其在舒适性上的突出表现，近年来业绩一路飘红，已连续5年成为天猫帆布鞋销量冠军。人本作为回力的强劲对手之一，在此对两者进行差异性对比分析：

"91岁高龄"的回力鞋，红色的"F"是其鲜明的标志，相比解放鞋而言，它简洁突出的设计在那个同质化的时代显得卓尔不群。在20世纪70年代，回力鞋几乎就是国人运动休闲鞋类的唯一象征，回力成为人们身上代表潮流的符号。作为一个时代的标志，回力身上的"偶像包袱"显得过于沉重。与此相比，人本鞋业就显得更加轻松了——人本鞋业无须顾虑特定的品牌文化，无须费尽心思维护原有的品牌定位，而只需专注于为品牌注入更多、更富有活力的想法与创意即可。

回力产品种类少，创新度不高。目前看来，人们提及回力首先想到的还是经典带有红色标志的鞋子，尽管近年来回力鞋子种类在不断丰富，但创新度不高难以引起人们的兴趣。根据淘宝回力官方旗舰店显示，回力的主要销售渠道中在售鞋子共计95种，受众包括男性女性以及儿童，共分为经典系列、运动系列、轻羽系列、真皮系列、秋冬保暖系列5个系列；人本官方旗舰店上架商品有400余款，但系列划分不够明确，主要按年龄段划分。根据调查显示，人本的鞋子不仅有运动鞋、休闲鞋这两类需求量最大、应用范围最广的鞋子，还有可以满足某些重要场合需要的较正式的款式。两者对比，无疑人本更能满足消费者多样化的需求。老牌国货回力定位于经典与怀旧，明显阻碍了其创新的道路。

回力外观设计历史遗留痕迹明显。回力和人本最广为人知的经典款帆布鞋都有着自己独特的标识。单从外观上来看，回力的款式更趋向于球鞋，这和回力起源有很大的关系。但根据调查显示，中国人的脚型往往是脚背高、脚板宽，人本的经典帆布鞋款式，更符合"专为中国人脚型设计"的要点。

综合分析可以看出，回力在消费者心中的知名度优于人本，人本的高性价比使其在电商时代的表现中略胜一筹。在未来，回力需要的是呈现更优质的产品与服务，不断创新，跳出怀旧的圈子，不因怀旧而守旧。

（二）回力鞋业与国产知名运动品牌差异性比较——以李宁、安踏为例

李宁体育用品公司是"体操王子"李宁先生于1990年创立的品牌，距今有33年的历史，品牌产品主要包括运动鞋及休闲鞋类、体育器材、服装和配件产品。安踏体育用品有限公司创建于1991年，在福建晋江的一家制鞋作坊门口第一次挂上了安踏的标志，距今有32年的历史，品牌产品主要包括运动鞋、服装和配饰。对比安踏和李宁，回力鞋在中国市场的历史长河里已然走了相当长的一段时间，并在我国的体育事业上画下了浓重的一笔。可放眼当下，回力的知名度和规模却远远不及李宁和安踏。所以该部分主要想通过对类似体育品牌的对比、分析回力的市场现状以及存在的问题。在对回力、安踏、李宁三个体育用品公司品牌战略的对比分析中，我们发现了以下几点差异：

回力所占市场份额低，面向人群较少。李宁和安踏在中国市场上定位为中端市场，同时面向高端市场开发部分产品，低端市场也有所涉猎。而回力则偏向于低端市场，所占市场份额过低。以鞋子为例：安踏和李宁中端系列的鞋子均价在350元左右，高端系列部分鞋子定价达到千元；而当下回力鞋子的最高定价为299元（产品销售价格价浮动较大，此数据根据当下其天猫官方旗舰店显示）。单品之间价格差距巨大。

回力品牌形象老化，缺乏新元素。在企业品牌化建设的过程中，回力走的是"经典国货"的品牌形象，这个品牌形象对回力来说是加分项，但奈何品牌形象老化严重，除了几种经典款式外，就再也没有做出让人满意的鞋款了。但在当下消费观念发生改变，消费者追求款式、产品多样化的情况下，回力技术研发投入少、款式更新慢，一味靠吃老本生存，导致顾客流失严重，知

名度越来越低，市场上占有的份额越来越少。而安踏和李宁选择依靠收购一些品牌来打通国际市场，同时产品更新快、品牌系列多。李宁和安踏作为体育运动品牌，二者都十分重视体育营销，都赞助了国内大型的体育赛事，通过立足本土市场来逐步提升品牌的国际地位，重视自身品牌形象的发展。

回力知名度低，宣传力度不足。通过我们的调查，我们了解到回力现在主要是线上营销带动销售额，实体店销售额并不多，也没有利用品牌代言人的影响力去增加自己的知名度。而安踏和李宁线上线下的销售都做得很好，实体店也多，同时李宁和安踏十分重视品牌代言人的选择，他们会选择一些体育明星作为自己的代言人，通过这样的形式来保证自身品牌宣传的针对性，提高自己的知名度，扩大品牌的影响力。

（三）回力鞋业与国际同类帆布鞋差异性比较——以匡威、Vans 为例

匡威集复古、流行、环保于一身，并且坚持品牌的独立设计，不随波逐流，并且紧跟时尚潮流，没有被时代的浪潮冲走。Vans 以滑板运动为根，是年轻极限运动爱好者和潮流人士共同热爱的国际品牌，它有一些非常经典的款式，如今这些款式依旧流行。

回力产品过于单一，消费者可选择的空间较小。对比之下，回力最流行的时期在二十世纪七八十年代，那时的回力是大家公认的时尚品牌，可是随着时间流逝，回力似乎有些落后于当今的潮流。现在大家所认识的回力，仅仅是它的运动鞋和一些休闲帆布鞋，匡威、Vans 却衍生出众多深受用户喜欢的周边系列产品，例如服饰、背包等。因此消费过程中，用户对匡威、Vans 品牌价值的掘取深度可以达到较高水准。

品牌宣传投放资金比例差距明显。回力在品牌宣传的投入远远小于其他两者。匡威和Vans通过大量的资金投入换来与时尚名人的合作，从而利用知名人物身上所具有的光环，成功为其品牌带来了巨大的粉丝经济回报。也正是通过这种策略，使得时尚成为其自身品牌的标签之一，满足了消费者的心理需求。对比之下，回力更多的是靠他们商品自身的情怀去吸引消费者购买，相比于处在人们视线中的匡威和Vans，回力的吸引力显得又有些欠缺。

回力线下品牌形象维护缺失。通过多次实地走访调研，我们了解到，回力的线下购买渠道严重缺失。回力通过个体加盟的方式在线下开展了少量的店铺，而这些门店的形象皆与回力官方声称的市场定位相去甚远，具体体现在店铺面积过小、装潢主题不明确、导购服务不完善。而匡威和Vans的线下专柜均设立在人流量多的大型商场，店内主题明确风格潮流，对品牌有更好的解释与说明；服务人员年龄年轻，与他们品牌的购买群体有更多的情感共鸣。

回力价格优势明显。在价格方面，回力的价格优势远远超过其他两者。基于在国人心中曾不可撼动的地位，回力的产品宣传所需投入的成本占有明显优势，即无须宣传即可达到人尽皆知的目的。比如它兼顾低价和质量，深受大众的喜爱，它也是80后记忆中的品牌，是大多数80后无法忘却的情怀，等等。

国货风潮方崛起，再展宏图正当时

把握时代新机遇，紧跟政府好政策。上海拥有180家国家级的中华老字号和42家市级中华老字号，它们的平均年龄超过100

岁，是我国老字号品牌最多、历史最悠久的城市。重振老字号品牌、发展中国品牌文化成为政府的关注重点。回力作为老字号中的一员，应牢牢把握时代机遇，利用政府为其发展提供的极为有利的政策，在新时代中实现品牌的重生与飞跃。回力起源于上海，发展于上海。一方面响应上级打响"四大品牌"的号召，另一方面商务委也发起行动计划，明确提出了要打响50个老字号的目标。在这样的时代背景下，回力的发展状况势必成为上海市政府的重点关心内容。政府为企业的发展方向搭建平台，在这个平台上，既有市场最新的导向指导，也有信贷、税收等方面的实质性扶植。把握好此次机遇，定将助回力诠释"Warrior"的真正内涵。

扩大产品组合，树立整体产品概念。回力鞋业的产品线过于单一，一方面浪费了回力品牌在消费者手中的良好形象价值，另一方面也成了企业扩大生产规模的阻碍之一。这是回力鞋业现今发展阶段的威胁之一。合理开发除核心产品以外的有形产品、期望产品、附加产品和潜在产品，是回力在未来发展道路上的必然选择。回力增加产品的广度，扩展经营领域，有助于实现多角化经营的模式；深度挖掘产品深度，可以占领同类产品中更多的细分市场，适应更广泛的消费者不同的需求和爱好。根据回力当今的消费者画像显示，回力的消费者主要以年轻群体为主。如何扩大消费者群体数量为其产品探索更大的消费市场，直接决定了回力能否在市场竞争中脱颖而出。基于收集、分析的大量材料及实地走访调研材料，项目成员一致认为，回力可以推出周边产品，如服饰、文具等，方能区别于其他同类产品，向更高端的品牌定位迈进。

逐步扩大规模，建设分销渠道。回力一直以来采取的经销商分销的方式，使销售渠道变得繁多而混乱。如今回力的销售大多都在线上进行，但是线上经销渠道太多，单在淘宝上就有8000家左右个人开的回力专卖店，但上面的产品真假难分、参差不齐。因此，回力应该重新梳理经销渠道，充分利用网络媒介，通过网络加盟店的形式进行销售。线下，回力应进驻大型商场，在一二线城市的主要商圈设置精品店。错综复杂的批发店难以管理，无法归入销售网络，给公司的销售网管理造成不便。此外，只有2000多家门店覆盖率的回力远远不及它的竞争对手。鉴于目前资金融入和上市等问题，回力应尝试积极引入外资投入，逐步扩大自己的规模；完善销售渠道，扩大门店数目。新的分销战略将着重重新规划回力的经销商和批发商，使得回力在利用精品店进军中高端市场的同时规范低端市场管理，为顾客提供良好的购物环境和购买体验，提升品牌形象。

推进自身发展，加强品牌影响力。根据上述差异，我们可以知道回力在品牌创新、品牌推广方面比较薄弱，相对于其他品牌，回力的品牌影响力较弱。就像人们提到帆布鞋会想到匡威和Vans，提到国产运动鞋会想到李宁和安踏，而回力似乎已经淡出了人们的视野。回力作为一款老牌的鞋类产品，只有加强自身品牌影响力，才能在当前的市场中分一杯羹，所以回力的主打产品仍然得是他们引以为傲的经典款式的球鞋。在回力的产品设计的过程中，首先要保留和延续这种设计理念，并用一些现代的设计赋予它新的生命力。用简洁、怀旧的产品会更有效地占领消费者心目中的位置，并且符合回力一直以来的品牌形象。同时回力鞋的设计要迎合年轻人追求时尚的眼光，在保留传统的样式和logo的基础上，对鞋子的外表进行一些改变，并且加强对外宣传力度，从而提高自身品牌影响力。

发挥价格优势，达到长期目标。如今市面上有不少时尚舒适的帆布鞋、运动鞋，但这些产品大多价格昂贵，有些追求质量美观的消费者没有购买能力。回力鞋大多价格低廉，并且兼顾质量与美感，是消费者的不二选择。很多品牌的产品价格高昂，但影响其价格的更多是品牌价值，产品的成本其实并不高，相比之下，回力鞋就拥有很大的价格优势。回力的经营环境落后于一些中高档品牌，导致回力在市场上很难与他们竞争，所以回力更要发挥价格优势，坚持他们的低价，获得顾客的青睐。对于价格质量都很好的回力，消费者消费时内心也没有压力，可以获得满足感，目前市场上回力的占有率并不是很高，合理利用价格优势可以争取到更多的顾客，使回力达到长期可以盈利的目标。

宣传过往情怀，紧跟时代脚步。二十世纪七八十年代，是回力发展的黄金时期，经典的红白配色，承载了多少80后青春时代的记忆与情怀，一双回力鞋，足以赢得周围人羡慕的目光。回力作为一代民族企业，已经拥有将近百年的历史，1999年就被认定为中国驰名商标。回力是中国最早的时尚胶底鞋品牌，相比于那个时代的解放鞋，回力拥有简洁鲜明的设计，是当时青少年眼中的潮人标志。随着改革开放，时代进步，大批的运动品牌进入中国市场，即使回力耐穿、便宜，但它已不再是人们心中运动鞋的第一名。回力虽然不如现在的耐克、阿迪达斯等时尚品牌，但它却承载了一个时代的情怀，这是新涌入中国的运动品牌所不能比的优势。回力可以适当利用情怀优势，争取更大的市场和更多的消费者，但不能过于重视情怀因素，要紧跟时代潮流，企业才能长期发展。

品牌复兴征途漫，回力情怀永相伴

在品牌经济时代，老字号只有立足于顾客视角，在面对来自现代生活方式的挑战时，才能给人们带来全新体验的产品和服务，赢得主流消费群体，尤其是年轻人的青睐。在面对来自现代品牌的挑战时，回力要用先进的市场营销、管理思想来丰富自己的经营方式，伴随市场经济的蓬勃发展和经济全球化程度的提高，在消费者面前展现老字号产品服务周到的一面。在面对来自新技术的挑战时，用现代科技来改造落后的产品工艺、提高产品更新换代速度，摆脱缺少技术创新的现象，老字号的全面振兴才指日可待！

老字号的风雨历程积累了深厚的文化底蕴，凭借几十年的发展历史和起伏经历，作为老国货品牌，在人们的心中留下了不可磨灭的记忆。老字号作为几代人的回忆，只要它有向前迈进的愿望，那些伴随着老字号一同长大的人们都会为它的发展予以支持。

全力打响"四大品牌"，是上海更好落实和服务国家战略、加快建设现代化经济体系的重要载体，是推动高质量发展、创造高品质生活的重要举措，也是当好新时代全国改革开放排头兵、创新发展先行者的重要行动。回力鞋业作为重点发展的老字号品牌之一，必将面临更多的机遇与挑战，需要不忘初心，也需要砥砺前行。振兴民族品牌是实现中华民族伟大复兴漫漫征程中的必经之路，新时代的我们有责任也有义务为这一伟大事业贡献出自己的力量！

培 罗 蒙

——穿针引线，缝纫经纬

指导老师：袁君霞

项目成员：杜子璇　颜俣雪　赵璐欣

红帮西装，"织"造经典

上海培罗蒙西服品牌由许达昌创建于1928年，95年来，培罗蒙品牌以西服、大衣为代表，凭借技术精湛、选料新颖、风格独特而闻名中外，其缝制工艺还被列入了"上海文化遗产"。

20世纪初，浙江镇海来沪的红帮裁缝许达昌来到上海某西服店当学徒，他刻苦钻研，潜心学习技艺。1928年，他终于出师，在四川路开设了许达昌西服店——即培罗蒙西服的前身。

20世纪30年代的上海，正是上海红帮裁缝花开遍地红的时期，想在当时的西服业闯出一番天地并不容易。1932年，许达昌将裁缝店改迁到南京西路新世界楼上，1935年又改迁到南京西路新华电影院对面，并将店名改为培罗蒙，将店面装修得富丽堂皇，招牌也增加了洋文。在当时欧风风靡的上海，洋气的店名和华丽的店铺一下子使店里的生意红火起来。1936年，培罗蒙西服已经凭借熟练的技艺、上乘的质量、精明的经营、热诚的服务在激烈的行业竞争中脱颖而出，成为一流的名牌特色商店。

1936年，许达昌在机缘巧合下，结识了几位达官贵人，为他们尽心尽力地量身定做服装，同时技艺也大有精进。

1945年，许达昌的左膀右臂——戴祖贻升任襄理之职，打开了培罗蒙成为世界品牌的大门。

1948年，许达昌把培罗蒙带到了中国香港，开设了店铺，生意红火，此时培罗蒙已经成为世界五大西服店之一。

1950年初，培罗蒙进军日本，由于欧美商人云集，培罗蒙在日本也得以风靡。

1964年，东京奥运会召开之际，培罗蒙再次大显身手，吸引了各国代表团，甚至在1990年把培罗蒙开到了东京帝国大厦。

1980年，培罗蒙在原来的优势上，进一步借鉴了流行款式，设计出了海派西服。

1985年，"培罗蒙西服店"改称为"培罗蒙西服公司"。

1985年，培罗蒙西服在《新民晚报》的"吃住穿用玩商品"的票选中荣获"金牛奖"。

2002年，公司上海零售中心总部迁至上海市南京东路257号，被国家认定为中国驰名商标，成为服装纺织行业第一家荣获质量、环境、职全健康管理体系整合型认证的企业。

2005年，公司在上海市天津路307号成立了"培罗蒙技术中心"。2007年，培罗蒙奉帮裁缝缝纫技艺被列入"上海非物质文化遗产"名单。2011年，培罗蒙奉帮裁缝技艺被评为国家级非物质文化遗产。2012年，获上海市质量金奖。培罗蒙在百花中盛放，在历史变迁中夹缝求生，最终成为中华老字号。

2014年8月，上海培罗蒙品牌发展中心成立，并设立英文品牌事业部，重点发展BAROMON品牌。紧接着11月，上海培罗蒙e产品正式上线，标志着培罗蒙O2O时代的开启，公司"互联网＋"项目进入正式运营。

2015年6月，培罗蒙获批成为意大利米兰世博会中国企业联合馆指定服装品牌。

2016年6月，培罗蒙研发中心成立，9月，中国培罗蒙（瑞士）有限公司正式成立，开启品牌国际化之路。

坚守初心，大国工匠

"培罗蒙"，据说这个名字具有深刻含义，"培"是指培育高超的服装缝制的技艺，"罗"是指服装，"蒙"含多蒙光顾之意。培罗蒙对缝纫技艺的极致追求从其名字内涵中可见一斑。

培罗蒙一代又一代技师用培罗蒙的三件宝——"皮尺、剪刀、熨斗"创出了传统绝艺，制作出的每一套西服都能达到15个字的要求，即：外观上平、直、戗、登、挺，内涵上胖、窝、圆、服、顺，操作上要推、归、拔、结、沉。因此"培罗蒙"成为海派西服的代名词，培罗蒙几代技师创出的传统绝艺也成为中国西服行业的骄傲。真可谓"工匠精神"。"工匠精神"也不是一蹴而就的。一个企业的品牌精神能够体现出创始人的初心、众多员工的坚守。在品牌创立最初，培罗蒙的创始人许达昌就立志将培罗蒙打造成中国西服第一品牌。他一直坚持自己亲自动手制作西服，精益求精，不断提升自身技艺。为了将手艺传承下去，他还不惜高价招贤纳才，聘请了当时号称上海西服业"四大名旦"的王阿福、沈雪海、鲍公海、庄志龙，并配备上等技师，使培罗蒙精英荟萃，人才济济。在选料上，面料、里辅料都选用进口名牌产品，在做工上采取量体裁衣，毛壳、光壳两次试样的做法。面料熨烫覆衬需冷却24小时以上，辅料热缩、水缩2次，缝制一套西服需60小时左右，切实做到面料高档、做工讲究、质量上乘、久不走样。许达昌还因此获得了"西服王子"的美誉。

现代服装产业中，像培罗蒙这样的传统制衣企业面临的考验和竞争层出不穷。对外有各大国际知名品牌竞争，对内有来自不少后起之秀的压力。不少成衣企业都拼命缩减成本，提高产量，薄利多销。但培罗蒙明白，靠压缩成本来发展走不远，要想站在国际舞台上，批量生产也不能增加品牌"含金量"。作为中国西服业响当当的牌子，培罗蒙觉得"少"字更适合自己。在天津路定制中心里，高级裁剪师吴文青很是低调，但不少客人都知道，他是培罗蒙西服第六代传人。"完成一件手工制作西服，必须做到'推、归、拔、整'4个步骤，我们始终严格秉承祖训。"吴文青说，即使在批量化生产的大潮下，培罗蒙也没有忘记这些技艺，保留了一支由30位技师组成的工艺团队。

培罗蒙能留存百年，正是因为它紧紧守住了传统，正所谓立好脚跟，才能开枝散叶。如今，培罗蒙被授予中国驰名商标，其西服制作技艺被认定为国家非物质文化遗产。在北京奥运会期间，由培罗蒙定制的西服，还被当作国礼赠送给三位外国总统。中国重视文化传承，看重凝聚在中华老字号中的坚守、认真的精神内核。

虽然培罗蒙在业界已经数一数二，但商场上瞬息万变，没有哪一个企业能保证自己永远立于不败之地。创新无疑是保持品牌生命力的不二法宝，培罗蒙与时俱进，运用科技手段将文化内涵渗透到产品之中，在继承传统工艺的同时，积极引进现代新工艺、新技术设备,为品牌积聚核心战斗力,勇拓市场,不断增强培罗蒙企业的综合实力和品牌竞争能力,力图打造一个强势品牌——"经典培罗蒙",以弘扬民族品牌,再创世纪辉煌。例如培罗蒙的独门绝活是量体裁衣,即根据顾客的体形和个性要求,量身定制合体的服装。公司不仅很好地继承了传统工具三件宝——皮尺、熨斗、剪刀,更主动发掘、添加了"电脑"这一宝。从国外引进的智能服装CAD综合应用系统,把定制客人的人体尺寸输入电脑后,可以直接在人体数字模型上试衣,更换面料和款式,这使得过去至少需要72小时的制衣程序,最快可缩减至22小时。另外培罗蒙对于"人工智能测量师"的精准度颇有信心,更保留了一套独特的测量做法——请顾客去更衣室,只穿内衣内裤,然后穿上紧身衣,再进行测量,这是因为红外线对顾客身材的围度尤其敏感,测出来的尺寸更为精准。得到人工智能的加持,培罗蒙传统手工得以大幅度解放,量体效率提高5倍。

在大数据时代,信息化管理显得尤为重要,高效地利用计算机整合各项资源,可以很大程度上精简人力物力,提高工作效率。培罗蒙也迈入电商时代,培罗蒙e产品在网上销售得有声有色,打开购物网站经常能看到培罗蒙商品的销售信息。培罗蒙通过网上销售平台可以收集一些顾客需求,为今后产品的定位、款式的开发打好基础。培罗蒙开始运用O2O的经营模式,微信公众号上线后,培罗蒙尝试将各类优惠信息、新品前期发布推广、西服预订等线下的商家信息通过网上平台传递给消费者。培罗蒙在网上寻找消费者,之后把他们带到现实的商店中,实现线上与实体店的有效结合。

培罗蒙深知,对于企业的发展,质量是最重要的,营销也是不可缺少的。在国际青年TDK球赛,特别设了培罗蒙奖杯,慕名而来的宾客络绎不绝。培罗蒙曾为中国女排出国比赛设计出国服装，她们深感满意，特地赠送了有女排五连冠教练、队员签名的比赛用球，许多来该店定制过服装的中外宾客都称赞培罗蒙的服装造型精致、风情独特、华丽高雅。中国政协第八届全国委员会副主席刘靖基穿上培罗蒙制作的西服出国访问，外国友人误认为是国外制作，刘老当即翻开衣襟，自豪地显示出培罗蒙商标。李佩鹤记得，"很多文艺界的名人，像孙道临、陈述都来店里做过西装。连陈毅市长都慕名而来"。借助名人以及国际性比赛的传播力，培罗蒙通过真实可见的外观与品质向世界展示中国缝纫技艺和精湛设计。

随着社会需求日益旺盛，培罗蒙还先后与全国20多个省的大中城市合作，在有名的商场、公司、百货大楼等建立了38个特约经销点。为顺应市场，拓展自己的商业版图，不只局限于上海地区，培罗蒙在全国16个省市进行招商加盟，并且严格监控培罗蒙西服的质量。

培罗蒙还计划让定制西服业务走出深闺，分"金银铜"3个子牌3种档次，供顾客选择。董事长金建华说："走高级定制服装之路，并不等于回到过去的裁缝铺。"手艺是重要的，但设计、营销、服务同样重要。这也是培罗蒙把形象店置于南京东路上的原因。培罗蒙还打算在上海大剧院西侧建一个文化艺术设计中心，专设高级手工定制区，由特级设计师和特级技师坐镇。为了让培罗蒙定制服装的手艺得到传承，培罗蒙还计划与高校联合开设"培罗蒙服装教育学院"，专门培养未来的高级定制师。

与世界名牌相比，培罗蒙引进日本、意大利、德国的先进设备和流水线，把现代工艺同传统工艺完美结合，与中国纺织大学合作的西服研究所以及共同开发的服装智能综合应用系统确保了公司服装与面料的高科技含金量。在保持西服特色的前提下，公司又注重挖掘麾下的"春秋""协大祥"等老字号名牌西服、纺织面料商标的潜力，同时又涉足男士服饰的其他领域，培罗蒙T恤、内衣、标夹、衬衫、领带、皮鞋、袜品也日益为人们了解和喜爱。

"老法师"在传承手艺的同时，还要逐梦时尚圈。在一张培罗蒙自制的服装定制单中，其中定制上衣就需要量6个尺寸，包括衣长、胸围、横肩、袖长、中腰、领围，每个栏目还分若干小项，根据顾客具体情况标注。培罗蒙有关负责人说这一定制单的细致程度堪与国际一线品牌媲美，"我们特地和登喜路、杰尼亚的做过比较，还与他们负责人交流学习，确保不遗漏任何一个关键细节"。培罗蒙传承发展他们特有的精致制衣工艺，以世界一流的设计、一流的加工、一流的服务，开设最高端的个人定制中心，生产个性化、高品质的服装，在满足服装高端消费需要的同时，也必然有利于让"中国创造"走向世界。

匠心裁衣，思源探新

在走访位于南京东路的培罗蒙门店时，我们与培罗蒙门店服务人员进行了交谈，在交谈过程中我们发现，门店销售人员对于培罗蒙品牌的了解不深，仅仅是停留在向客户推介的层面，当客户想要进一步了解品牌的细节时，他们回应可进行网络搜索。实际上，众多的雇员直接或间接地与消费者接触，雇员的一言一行都能一致地反应品牌的内部管理与形象，因此，培罗蒙应该更加注重内部品牌化，必须确保组织成员与品牌及其代表的内容保持一致，所有员工都及时深刻地理解品牌是至关重要的，这在无形中会获得消费者的好感，当员工如数家珍地介绍自家品牌，试问哪位顾客会不心动呢？

此外，注重品牌口号的传播，对于老字号品牌来说也尤为重要。培罗蒙作为中国西服的门面担当，却没有牢固的群众基础，一个能在群众间广为流传的最直接的方式无疑就是品牌口号的广泛传播。如"恒源祥，羊羊羊"的广告。在众多消费者心中留下了深刻印象，恒源祥的羊毛衫也在消费者心中留下了深刻的印象。当消费者在选择产品时，会首先考虑脑海中最深的印象，因此一个好的品牌口号对品牌的长期维护十分必要。

传统媒体的没落，互动和非传统性媒体、促销活动及其他传播方式的兴起，促使众多品牌推陈出新。我们认为，培罗蒙的营销可以更多地使用非传统形式的传播方式，如双向的数字媒体、体育和其他活动的赞助、店内广告、交通工具上的迷你广告牌、电影中的植入广告、快闪店等形式。

除此之外，品牌代言人的选择，亦能激起顾客们对于品牌的关注度。选择一位和品牌气质高度契合的广告代言人也有助于品牌知名度的提高，如海澜之家启用当红人气小生林更新作为品牌代言人，取得了巨大成功，更有网友直言林更新改变了他对海澜之家的认识，海澜之家也从国内中小城市的男士品牌跃入一线男装品牌。

行业佼佼，国之瑰宝

南京路步行街，繁华的街道上相间林立着中华老字号门店和快时尚品牌，现代气息与中华传统文化的交汇让这条街道生生不息，人来人往，也成为上海的一大特色之一。在南京东路这一片区域就有3—4家培罗蒙店。培罗蒙在各大百货商场中都设有专柜，比如大丸新世界百货。本次实地调研，我们选择了位于南京东路750号的上海培罗蒙西服公司。

培罗蒙门口，首先映入眼帘的是一面古色古香的金底白字的招牌，寓意着培罗蒙的"金字招牌服务"。店里的顾客正在挑选服装，两位导购在顾客身旁提供相应服务。在表明来意以后，项目成员与服务人员进行了简单的交谈，他们似乎对培罗蒙并不甚了解，仅提议我们去网络搜索相关资料，虽然未能得到他们的相关回答，但言语之中还是能感受到他们对于自己品牌的骄傲自豪。随后，项目成员在店内认真学习了关于培罗蒙西服布料及款式的相关知识，知晓了那一套套西服背后凝聚的是一代代西服设计者的心血和工人们的辛劳汗水。

老字号是申城品牌发展史的烙印和荣光，而培罗蒙作为中华老字号，能跳出旧格局，不拘泥于过去的辉煌，勇敢开启新时代的魄力与眼界，无疑展现了一个民族企业的魄力。在培罗蒙的身上，生动诠释了老字号之所以能成为老字号，定是有其在背后的坚定追求与不懈努力。培罗蒙自开创品牌以来就坚持做好每一套西服，把工艺、质量放在首位。是金子总会发光，95年来，培罗蒙一代代传人薪火相传的工匠精神被世人所看到，培罗蒙也获得了金字招牌"中华老字号"的认可。

当然，在自身坚持把东西做好的同时，能把握让品牌走出去的契机也是成功的关键。机会摆在每个企业的眼前，成功与否的转折点就在于能不能抓住机遇。培罗蒙在面对历史的各个转折点时，它都紧紧抓住机会，这或许也是它在长久动荡的历史中能够生存、积淀、强大起来的奥秘。

如今，培罗蒙能在"世界舞台和本土舞台"中活得有滋有味、多姿多彩。这与它重视现代技术，不断向技术要效率、要品质、要动力，并且树立自己在本土中的经典品质形象密不可分。在做好国内市场的同时，面对海外市场，培罗蒙不断拓展市场半径，扩大中国服饰的美誉度，时刻把自己作为展示中国形象的一面旗帜，向世界宣示中国品质。培罗蒙的转型发展告诉我们，一个金字招牌要永葆青春，一要严于律己，保持一贯的品质追求，不能粗制滥造、敷衍了事，二不能拒绝新技术、故步自封，要用发展的眼光看问题、观世界。

老字号如今所承载的使命不只是活下来，而是作为国家瑰宝，永远流传下去。

老 凤 祥

——璀璨华光，金凤成祥

指导老师：侯宏亮

项目成员：马　瑶　童瀚颐　伍星星　方思尧　张雪丽

流金岁月 璀璨华光：老凤祥银楼的前世今生

（一）沉淀于岁月，惊艳于世间

　　老凤祥银楼创建于1848年，最初楼址位于当时的上海南市东大门，取名为"凤祥银楼"，1886年迁至大马路抛球场，号称老凤祥银楼"怡记"，到了1905年，老凤祥又迁至南京路盆汤街，改名为老凤祥银楼"植记"，产品戳记为"松鹤"，最后一次迁址是在1908年，这一年老凤祥银楼迁至南京东路山西路（现在的南京东路432号），并改号为老凤祥银楼"庆记"，产品戳记改为"吉庆"。1911年银楼再次改号，由"庆记"改为"裕记"，戳记也由"吉庆"改为"丹凤"，这座银楼后来没有再搬迁过，一直原店原址延续至今，已有百年历史。

　　虽几经搬迁，但是并没有影响到老凤祥红火的生意，因其精美饰品慕名而来的顾客络绎不绝。20世纪30年代，老凤祥在上海风靡一时，成为名伶贵妇们最喜欢光顾的店铺之一，老凤祥银楼也因此迎来了历史上的第一个鼎盛时期。生意如火如荼进行的同时，老凤祥银楼也在原址的基础上再次翻建成三层楼宇，显赫一时。

好景不长，1948年，在这一经济特殊时期，对黄金限价，导致黑市交易猖獗，大批银楼纷纷关门停业，老凤祥银楼也受到影响关门歇业。但是这并没有阻挡住老凤祥品牌继续前进的步伐，功夫不负有心人，大变革时代来临之后，老凤祥也走出了寒冬，迎来了初春。

（二）鸾凤齐和鸣，金石为君开

1951年，中国人民银行购买了老凤祥银楼的全部固定资产，委托中国人民银行华东区分行金融受理处，筹办"国营上海金银饰品店"。停业许久的"老凤祥"，于1952年6月在原址正式对外营业。重新营业的老凤祥银楼又分别于1958年更名为"上海金银制品厂"，1966年更名为"上海金属制品一厂"，1982年更名为"上海远东金银饰品厂"，几经波折，最终于1985年恢复为"老凤祥银楼"，同年注册"凤祥牌"商标。

1992年，民营经济开始兴起，民营公司体制比较灵活，无论是成本还是费用上，都可以把价格压得更低，获得更高的市场占有率，国有企业在这样一个激烈的市场竞争环境中处于劣势地位，老凤祥银楼此时的发展也是举步维艰。1993年老凤祥银楼商标改为"老凤祥"牌。1996年重组为上海老凤祥有限公司。1998年的老凤祥银楼陷入了前所未有的窘境，随着首饰市场的迅速发展，竞争日益加剧，老凤祥品牌正面临着严峻的挑战，固有的优势正在消失，潜在的危机日益凸现——和很多百年老字号一样，面临着管理水平低下、品牌塑造力薄弱、优秀人才匮乏、生产方式落后、营销能力差等致命问题。

1998年也是老凤祥涅槃的转折点,1998年第一铅笔企业和老凤祥"联姻",开创了老品牌的新时代,第一铅笔通过定向股权收购的方式,斥资6840万元购买了老凤祥50.44%的股权。胡书刚控股老凤祥之后没有更换管理层,而是从第一铅笔引进利润分红的激励制度,以此提高经营者的积极性。20世纪90年代后期,按照现代企业制度要求,老凤祥组建成以品牌为纽带的集团型公司后,开始走"做优,做强,做大"的品牌战略发展新道路,并逐步加强了质量管理工作,不断在为进一步扩大品牌效应而努力。

2009年,老凤祥股份有限公司成立。

从岌岌可危到再创辉煌,老凤祥的重生见证了老品牌涅槃的梦想。

百年老凤祥 传承焕新彩:老凤祥银楼的现状

老凤祥作为百年民族品牌,秉承着敢想、敢做、敢突破的企业精神,坚持至诚、至信、至精、至善的价值观念,倡导并践行创新卓越、协同高效的管理理念和"共进、共赢、共享"的经营理念,为股东创造价值,谋求共同发展、与客户共拓市场满足消费者需求、与员工共享成果回报社会,旨在传承经典、创新时尚,成为首饰产品与文化的传播者,成为国内领先、亚洲一流、国际知名的品牌。

(一)企业内部

老凤祥作为中国的百年民族品牌代表之一,在品牌打造方面倾注了许多心血，这些特色使得老凤祥成为国内独树一帜的首饰品牌。

1. 十大特色服务

老凤祥提供了十大特色服务，包括：黄铂金调换、修理出新、特规定制、咨询热线、售后服务、宝石现镶、代客设计、来样定制、宝石检测和消费讲座。

2. 传统手工制作技艺

在金银细工制作技艺上，老凤祥较为完整地汲取了中国传统手工制作技艺的精华。制作所经历的具体工序，首先是创意设计（特别说明：是根据装饰、佩戴、馈赠、收藏等不同用途，创意设计款型各异的不同制作题材），此道工序是金银细工产品艺术形象的基础，也足以见得老凤祥为顾客打造饰品的用心之处。然后是塑样、翻模、制壳、合拢焊接、灌胶塑形、精雕、錾刻、镶嵌、脱胶、表面处理，最后是总装。一个首饰成品需要历经大大小小十二道工序，可谓是对践行至诚、至信、至精、至善的价值观和顾客至上的信念的矢志不渝了。

3. 优秀的技师团队

极为重要的一点，中国工艺美术大师张心一作为"老凤祥金银细工制作技艺"第五代传人，带领沈国兴、朱劲松、吴倍青等弟子，为老凤祥创作出一大批传世精品，使金银细工焕发全新活力。在2008年，"老凤祥金银细工制作技艺"荣列国家级非物质文化遗产名录。

（二）企业外部

1. 社会知名度及美誉度高

自20世纪90年代以来，老凤祥努力扩大着自己的品牌效应，在品牌形象和网点拓张上不断寻求契机，以突破瓶颈，21世纪到来后，老凤祥的利润增长了将近20倍，品牌价值在2009年已提升至40.29亿元，并获得了"中国驰名商标""中国商业名牌""全球珠宝100强"等荣誉称号，可谓是驰名海内外。

2. 产业整合能力不断进步

2017年，在上海迪士尼乐园开张之际，老凤祥抓住机会与迪士尼合作，推出了米老鼠、美人鱼、尼莫等受到全年龄消费者喜爱的卡通形象，以"大集合"的整合营销理念将品牌强势打入青少年群体，虽然如今"产品年轻化"依旧是老凤祥的短板之一，但我们可以看到这家百年老字号在"年轻化"及产业整合能力上做出的努力和进步。

老凤祥作为首饰品牌从建立之初到现在已经有170年的历史，这近200年的制作工艺和品牌传承使得其在现代化发展如此之迅速的社会之中不仅没有被淘汰，还日渐壮大。但老凤祥延续至今、蓬勃发展最为重要的因素是其坚持至诚、至信、至精、至善的企业观念及传承经典、敢于突破创新的企业精神和作为百年民族老品牌对自身的严格要求。

知己知彼 方能涅槃：与世界同类一流品牌的差异比较

上海曾经是我国老品牌商标的聚集之地，本土品牌也曾风靡一时，但改革开放之后，越来越多国际新品牌入驻。这既给本土的产业增添了多样性，同时也给本土品牌带来了新挑战。和国际一流品牌卡地亚、蒂芙尼相比较，老凤祥既有优势的一面，又有尚待补足之处。

（一）品牌定位的准确度

卡地亚和蒂芙尼的品牌对外形象和目标受众定位很契合，且他们自身文化体系很明确，有属于自己独特的时尚符号（如蒂芙尼的时尚符号是蓝绿色，卡地亚的时尚符号是螺丝）。值得一提的是，当时，卡地亚寓意爱情守护的螺丝手镯一问世，就被世人争相追崇，后来卡地亚设计出一系列带有螺丝符号的饰品，受到消费者推崇。

卡地亚"螺丝"这一时尚符号元素始终没有改变过，且随着时代艺术和技术的创新，以不同的创意形态呈现出来。而老凤祥虽然也独创过许多令人称赞的饰品，但是能够作为品牌象征的却寥寥无几。缺乏跨时代意义的独创设计是老凤祥的一大软肋。

（二）目标市场和消费群体的差异

老凤祥和卡地亚、蒂芙尼的主营产品都是首饰，且各自有自己延伸的产品。但是年轻群体更倾向于与时代并进的潮流品牌。因此，即使蒂芙尼和卡地亚的价格比老凤祥高得多，年轻消费者还是倾向于选择前两者。

在目标市场上，蒂芙尼针对的是国际市场——全球消费者。老凤祥打造的是民族品牌，因此侧重于国人、华侨等，近年来也涉及外国市场但是还不足够广泛，未来随着中国在国际影响力的提高，或许老凤祥会走向更广大的国际市场。

（三）老凤祥的独有优势

与蒂芙尼相比，在设计师作品上，老凤祥的优势是金银制作工艺更具有继承性，工匠精神也是因此得以发扬。目前的老凤祥拥有国家级工艺美术大师8人、上海市工艺美术大师9人，优秀人才是老凤祥傲视群雄的核心竞争力之一。

迄今为止，老凤祥的大师们和新锐设计师团队已在国内、国际的专业设计比赛中获得了300多项奖项，一些作品已被国内外知名博物馆收藏。在国内的名誉度上，老凤祥的优势是国内市场资源丰厚，能够借助本土品牌的天然优势进一步发展。老凤祥的公众号资料显示，我国也在大力支持民族品牌的发展。

（四）老凤祥需改进之处

老凤祥的一大劣势是品牌缺乏故事性，而蒂芙尼一直在坚持打造与浪漫爱情故事相契合的婚戒珠宝品牌，并且成功推出了一系列产品。老凤祥的国际市场尚处于起步阶段，国外知名度不高。这与品牌的民族性也是有关联的，但是老凤祥完全可以克服民族审美差异，并好好利用这一特性。

另外，老凤祥在品牌形象的更新换代上比较落后。蒂芙尼为了紧跟时代潮流、吸引年轻消费者的注意力，在保留其经典代言人奥黛丽·赫本的同时，不断选择新生代、炙手可热的年轻偶像作为形象代言人。但是再看老凤祥，不曾更换过，也没有添加过新的品牌代言人。时代在改变，新一代消费者所推崇的对象也在改变，要挖掘年轻消费市场，老凤祥需要顺时而变，品牌代言年轻化。

纵向生根 横向拓展：老字号品牌的未来发展方向

老凤祥的未来发展趋势可以从横向和纵向两方面分别推进。从横向发展来看，老凤祥仍然要坚持现在"国内与国外并举"的发展模式进行运营。在国内，争取继承过往的荣誉与品牌地位。在国外，争取把握机会，提高国际知名度，打造享誉世界的民族品牌。从纵向发展来看，老凤祥仍然要在继承传统的基础上，大胆推陈出新，有着170年发展历史的老凤祥，已经拥有了中老年群体的消费者市场，要抓住年轻消费者，老凤祥还要多结合现代高科技技术，采用现代年轻消费者流行的时尚穿戴和设计理念，在品牌代言年轻化等方面继续努力。

具体建议及意见如下：

1）关于店铺销售人员

组员们简单走访了几家老凤祥店铺后，发现其销售员几乎都是年轻导购员，年轻的工作人员更加时髦，可以吸引更多的年轻受众，但不太符合老凤祥目前的市场定位，无法将老凤祥与同类珠宝品牌做出区分。所以关于销售人员的安排，我们建议让不同年龄层的导购员负责不同的柜台，中老年人偏爱黄金玉石与经典款式，就让中老年导购员"坐镇"此类区域，而年轻消费者更偏爱银器钻石和时尚款式，就让年轻导购员帮着参考。

2）品牌代言方面

老凤祥合作多年的代言人为赵雅芝女士，其优雅端庄的气质着实与品牌百年沉淀下的文化韵味相契合。但想要打开年轻消费者的市场，再选择一位符合老凤祥气质的当红实力派偶像做代言人必不可少，品牌年轻化可以提升百年品牌对于青年消费者的影响力。

3）品牌文化建设方面

老凤祥的珠宝、黄金在百年前是"时髦货"，可是如今年轻人受外来文化的熏陶较深，老凤祥需要在品牌文化建设上持续更新，了解年轻人对时尚的追求并且做出相应改变，以此吸引到年轻用户。可以参考"钻石恒久远，一颗永流传"的例子，为黄金首饰的内涵做出新的定义，要更贴合年轻人的消费观和审美。当下年轻人的生活理念多为"独立""自由""多元"等，老凤祥在推出产品时也可以考虑贴合这几个元素。

4）企业经营管理方面

老凤祥需要采用与时俱进的营销模式与流行文化IP联动，

比如与现下热度较高的动漫、电影等合作推出周边。抓好线下营销，在各大商场设立门店，在各大门店设立互动设施，如小游戏、虚拟体验等，使顾客在享受游戏乐趣后产生对品牌的亲近感。"DIY手工体验店"这种体验式消费，老凤祥也可以继续更深层次的去发展、去延伸。让消费者在做手工的同时体验到老凤祥的历史和文化。

5）主动接触年轻消费者

设计一些时尚的"网红"产品，不需要大动干戈改变原有的生产链，只需要设计出一个系列的符合年轻人时尚穿搭理念的产品，价格偏中下，不使用贵重金属，提供个性化定制，在节假日或某个特定时段推出，利用众多新媒体平台推广，尝试打造一次"国货珠宝热潮"。

6）坚持百年老字号的品牌理念

金银制作的传统工艺是世界其他同类品牌所不具备的优势，这在中国消费者眼中也十分闪耀。类别详细、制作精美的首饰和工艺品与中国的历史密不可分，在这些首饰中也可以一窥历史留下的部分精华。

老凤祥银楼调研感悟

项目成员们曾前往老凤祥公司总部进行实践调研，在这之前，成员们通过查阅老凤祥的官网资料、知网上的论文资料、上海报纸资料等渠道，对老凤祥这个品牌有了一定的了解。作为一个经历了将近200年兴衰的本土品牌，老凤祥至今仍然在我们的视线里，没有消失，并且发展得越来越好，这种持续力使得我们更加想要对它一探究竟。

收集资料的过程中，在浏览了上海报纸的官网时，通过细致的多方对比，我们发现上观网（解放日报官网）及文汇网（文汇报官网）是对品牌介绍和分析做得比较完善的两个。在上观网上搜索"老凤祥"关键词，有整整9页的报道，其中大部分都是由同一名记者跟进的系列报道，主题大多围绕如何保护老字号、如何将上海老字号传承下去，以及反省为何现如今老字号的营业举步维艰等。都说老字号代表了这个城市的温度，如今上海还保有着历史的温度，其中切切实实有着他们的一份功劳。

在一步一步了解老凤祥的过程中，我们发现一个企业在运转时面临着解决不完的问题，内部的、外部的、遗留的、未来的。内部要留住人才，使员工保持积极性与创造力，外部要紧盯市场动态与竞争品牌的动向，旧制度即使改进也难免会留下些许糟粕，一切安好也要居安思危，一个企业不存在真正可以放松的时间。企业无论成功或失败，都是由众多原因共同作用的，老凤祥之所以能承受住低谷期，与它的灵活性脱不了关系，及时发现并多次尝试修改制度，直到发现能适合本企业发展模式的制度。

当我们对这个品牌的历史沿革和企业文化了解更深一层之后，仿佛探知到了老凤祥能存在至今的部分原因。就像中国的传统文化一样，老凤祥在发展历程中也遭受过打击，但从未中断，这种持久性使得它能在今日焕发传统工艺的活力。而且老凤祥的企业文化也十分完整，既有对这个品牌的全面认识，又有对外界的感知能力。在改革创新上，这个百年老字号无疑展现了年轻大胆的姿态，希望这个优秀的老字号品牌能够结合新的科技技术，在继承传统的基础上，继续推陈出新，设计创造出更多老少皆宜的优质产品，昂首挺胸，踏入它的下一个百年。

通过此次调研，项目成员们了解到品牌背后的故事，对老凤祥和相关品牌的认识不再流于表面；同时，通过亲自参与、共同完成调研，成员们的印象更加深刻，对此次调研更加珍惜。

老庙黄金

——万事金安，好运加成

指导老师：侯宏亮

项目成员：蔡雨晨　陈求镇　范协铭　李嘉俊　杨　渊

自古以来，黄金就吸引了人们的狂热追逐，甚至由此引发了无数的战争、杀戮和掠夺，从古到今，黄金对人类文明的影响极其深远。风行一时的《马可·波罗游记》中，把东方各国夸张地描绘成黄金遍地、珠宝成山的人间乐园，这激发了西欧商人到东方寻求黄金的强烈愿望。

黄金让东西方文明联系到了一起，也是欧洲人进行地理大发现的原动力。帝王崇拜黄金，黄金在宗教中象征神圣，在婚姻中象征纯洁与忠贞不渝。人类也给黄金赋予了一个极具诗意的名字，它的元素符号Au来自拉丁文Aurum，意为"光辉灿烂的黎明"。

现如今，随着生活水平的进步，黄金作为装饰品已经逐渐走进了老百姓的生活中。20世纪初期，诸多金店陆续成立，老凤祥、老庙黄金、周大福、越王珠宝等，在相互的竞争与学习中，各大贵金属珠宝商竞相发展，形成现如今多家老字号品牌百花齐放的繁荣景象。本次，我们便以老庙黄金作为研究对象，探索这家百年老店的商业与文化上的品牌推广之路。

跨世纪的黄金巨人：老庙黄金的前世今生

老庙黄金创始于1906年，前身是"上海老城隍庙工艺品商店"，是一家享誉中华百年的老字号品牌，老庙黄金作为改革开放后沪上第一家黄金零售企业，以具有丰厚文化古韵的"老城隍庙"和"老庙"的品牌飞速发展起来。"老城隍庙"见证了老庙黄金品牌从稚嫩到成熟的百年变迁，以及锐意进取。从初创时的两节柜台，逐步发展成在全国近40个省市，拥有1400余家零售终端，集产、供、销一条龙，科、工、贸一体化的黄金珠宝首饰专业型企业。

中华老字号上海品牌老庙黄金自创立至今，经过了百年的发展，现今已经成为全国出类拔萃的黄金珠宝零售企业之一、行业的佼佼者，见证了黄金首饰行业的繁荣与飞跃。

老庙黄金在弘扬传统文化的基础上，还为每件首饰融入了中华民族自古以来的好运文化、对美好生活的向往、家庭的和睦美满祝福。所以，老庙黄金的每件首饰都有其含义，同时蕴含了老庙黄金自己的品牌文化，带着百年的祥瑞与好运。

自1995年老庙黄金赢得上海黄金行业的质量旗开始，"中华老字号""中国名牌(产品)""中国500最具价值品牌"等荣誉纷至沓来，品牌的价值也随之不断提升。2015年老庙黄金品牌评估价值为135.62亿元，位居"中国500最具价值品牌"排行榜第183位。

老庙黄金不仅对于饰品品质有着高标准，同时相信"服务为王"。顾客的消费体验是最为重要的，以体现其黄金世家高贵典雅的独有气质。"纯金寄真情"带给消费者快乐与祝福，通过"纯金有价，心诚无价"的理念来打动消费者。

经历了一百多年的磨砺，老庙黄金以敢为人先，勇于创新，引领行业先锋，将"弘扬民族品牌，传承珠宝文化"的使命作为前进的动力，努力向国际一流的珠宝企业看齐，传承中华文化的精髓，将其融入珠宝时尚设计理念和先进工艺，缔造享誉中国的黄金珠宝品牌。

守正创新 "逆龄"生长

我们来谈谈老庙黄金这个品牌在中国黄金行业所占据的优势。首先是地理优势，老庙黄金中的老庙指的是在经济之都上海，有一处福源好运之地"老城隍庙"。而上海身为中国经济最为发达的城市之一，带动着黄金行业一路高歌猛进，发展迅速，老庙黄金正是其最大的受益者。其次老庙黄金作为传统文化继承者，每件首饰都有福瑞的内涵。老庙黄金的品牌广告语"老庙黄金给您带来好运气"寓意好运而且加上朗朗上口，在人们之间口口流传。老庙黄金于2014年成功与著名女演员孙俪合作，向业界递出了一张华丽的品牌名片，使老庙黄金这个品牌的口碑更上一层楼。

然而老庙黄金与国内其他竞争者相比，劣势之一就是老庙黄金的定价标准较高。差额虽然在行业内看似并无太大影响，但是老庙黄金却并没有因此带来更优质、更好的服务，这是老庙黄金在品牌推广的过程中需要考虑到的因素。

而老庙黄金与国际一流的珠宝品牌相比，其仅在中国被人们熟知，与国际大品牌的影响力还是难以相媲美，而且人们大多购买黄金不单单是作投资用，同时也会将其作为首饰装饰自身气质，那么首饰的设计理念和先进工艺便显得尤为重要，在这一点上，国际大品牌占据很大的优势，许多世界一流的设计师往往与国际大品牌长期合作。导致老庙黄金在首饰的设计、理念、制作上还是与国际大品牌有一定的差距。

但是老庙黄金与国际一流同类品牌相比同样拥有其独到的优势，那便是中国自古以来的好运文化精髓，中国人擅长把自己美好的愿望以及祝福寄予在黄金等首饰珠宝上，每一件首饰都是福瑞幸运的象征，正因如此老庙黄金才能在不算长的时间内迅猛发展，占据黄金行业的一席之位。

踔厉奋发　踵事增华

（一）老庙黄金的市场战略

在目前"四低一高"的国际金融形势影响下，黄金价格已经不具备持续单边上涨的基础，将进入稳中略降并不断寻求支撑的新阶段。因此黄金价格每一次反弹的高点都是销售的好时机。在这个过程中，老庙黄金应该密切跟踪国际经济形势，综合收集各种信息，加大与期货、银行、同业的信息沟通力度，不断丰富和完善企业对未来行情的判断。

完善内部风险控制。由于黄金价格具有不可预测性，市场随时有脉冲式上涨或下跌，因此老庙黄金在套期保值销售量和销售时机选择上坚决不能在某一价格上销售过多产量。在销售时机选取上，要留意淡季和旺季等季节性需求。在需求淡季，因为行情波动较小，此时没有必要采取套期保值战略，在需求旺季，黄金价格上涨时，老庙黄金可根据实际情况灵活掌握套期保值销售的量。

综合利用多种销售手段。老庙黄金应该结合自身实际情况，根据现金流、风险配套等因素，综合考虑期货、商业银行借金还金、远期交易等不同交易工具，以此来规避价格波动风险。

（二）老庙黄金的发展前景

投资者对于资产保值和增值的持续性需求，会进一步刺激到中国这个亚洲最大黄金消费国的需求升温。

正如知名投行高盛近期的报告中所预测那样，中国实物黄金购买量增加的潜在推动因素有，人们把购买黄金视作在资本管制下对冲潜在货币贬值的一个途径。此外，购买黄金也是资金从房地产市场分流的一种方式。

另外，我国对于黄金的需求一直处于旺盛之中。据《中国黄金年鉴2016》显示，2015年我国黄金消费量为985.9吨，连续三年加冕"黄金消费第一大国"桂冠。其中，黄金首饰消费量为721.58吨，占我国黄金总消费量的73%。我国仍然是全球最大的黄金加工国和黄金消费市场。

我国黄金市场持续走热，老庙黄金作为传统的黄金企业，自然有着自身得天独厚的优势。但同时，面对消费者逐渐变化的黄金消费需求，以及同行业的竞争加剧，企业们也纷纷进行多个角度的模式创新，希望能够在激烈竞争中，获取一席之地。

例如，银行系黄金、国美黄金、黄金树、金生宝等都以"互联网＋黄金"为名，进行投资布局。"黄金在互联网之前只拥有投资品以及消费品的两种属性，二者几乎互不往来，而'互联网＋黄金'则使得黄金拥有了互联网的特性，其可以实现理财、贷款、消费、回购等全生态的多样化的策略。"部分黄金行业分析师认为，互联网黄金平台品牌的出现，也满足了消费者更为多元的需求。

因此，想要在国内黄金市场日益激烈的竞争中脱颖而出，传统的老庙黄金不仅需要保持原来的优势，而且还要学会跟上时代的步伐，把握住当代消费者的消费心理，这样才不会被市场淘汰。

通过对诸多不同院校、不同年龄的大学生进行询问与数据分析，得出以下结论。有将近一半数量的受访者有佩戴饰品的习惯，其中绝大部分都是女性，而受访者中佩戴过黄金饰品的大约占30%，绝大多数又是小时候家中大人为其佩戴的。而在选择饰品类型一问中，黄金占比16%，且清一色为男性受访者。女性受访者大多选择了玫瑰金、水晶与银饰。最后，从对于黄金的认知程度以及感兴趣程度的数据中看出，当代大学生对于黄金及其背后的文化似乎并不关心。

因此，可以粗略看出，黄金的受众并非分布于各年龄段。当代以大学生为代表的年轻消费者，相对而言青睐富有时尚元素的饰品，若要将大幅推广老庙黄金的品牌文化，年轻受众是个不容忽视的庞大消费群体。

对于这一现象，我们站在年轻人的角度提出一些个人认为有利于老庙黄金品牌推广的发展建议。其一，在于市场细分。可以通过联名当下在年轻受众中较流行的品牌的方式，加工一些带有时尚元素的饰品，吸引一批年轻消费者。其二，便是借助舆论导向的作用。其实，并非只有钻石珠宝才能彰显优雅与时尚，通过了解黄金背后的文化可以发现，黄金也能显得尊贵大方。其三，以社交媒体为媒介。时下各类视频软件风靡，许多原本无人问津的小店铺通过精美小视频的宣传短时间内变成了网红店铺。小店如此，像老庙黄金这般的老字号店铺必定有更多作为。从营销学的角度而言，好的产品和一支好的营销团队能让产品改变人们的生活，这一方面，苹果公司便是先例典范。通过产品客观的销售量与企业文化的宣传，相信老庙黄金的品牌推广便能水到渠成。

现今，关注黄金并购买黄金的人们也并不算少数，然而大多数只是看中其中蕴藏的财富，却远远忽视了黄金背后深厚的文化价值。老庙黄金作为中国一家百年老字号的金店，形式上是以"做生意"为本的企业，但历经百年沧桑，经过了历史的沉淀，他们经营的不光是黄金财富，更包含了具有中国本土特色的黄金文化。

老字号店铺能够长久生存的原因，便在于其中的一些共性，它们都有着自己独特的历史、文化和个性，竞争力非同一般。老庙黄金便是在这众多老店中的一员，在时代的发展中，他们变的是根据消费者的喜好而不断创新的产品与经营模式，但不变的始终是品质的追求和诚信经营。这些跨越了漫长岁月、如今依然在书写新历史的老店，在时代的变迁、激烈的竞争中始终坚守着自己的一席之地。

时代瞬息万变，在无数的危机中，它们却始终毫不动摇地保留着自己的原貌。

传承经典 向新而行：踏访"老庙黄金"豫园总店

项目成员们调研的是"老庙黄金"上海豫园总店。坐落在上海老城隍庙内的总店，与城隍庙其他建筑浑然一体，以庙宇楼阁造型的外观配上大大的"老庙黄金"金字招牌，独领风骚，十分显眼夺目。在具有丰富文化底蕴的城隍庙的衬托下，老庙黄金悠久的发展历史和百年老字号的气息更加浓厚。仅仅只是在外一览，老庙黄金俨然已经不是一家珠宝店，似乎已经是城隍庙内的地标性建筑，来此观览的游客也纷纷驻足于此，与老庙黄金拍照留念。

移步店内，琳琅满目的珠宝首饰让人应接不暇，仿佛置身于藏宝阁一般。不同于西方首饰的工艺和制作理念，老庙黄金作为中华传统文化的继承者，秉承着中华民族自古以来的好运文化精髓，以貔貅、神兽等吉祥物作为设计元素，让古老的东方特色通过黄金材料更加熠熠生辉。同样，老庙黄金在坚持传承中华传统文化的同时，也不失与现代珠宝的创新与融合。除了黄金产业，也有铂金、钻石等珠宝专柜，其制作工艺可谓行业领军。源于城隍庙，继承城隍文化，注入时尚元素，是老庙黄金品牌的内涵所在。

在成员们看来，老庙黄金作为一个百年老字号，之所以能取得如今这么大的成功，离不开其优秀的营销与推广。从陈列展示的成就与称号，我们不难看出，老庙黄金一直在传承文化的同时，创新合作，不断进步。通过与意大利、英国、澳大利亚、以色列等国际大首饰商开展一系列交流合作，以及为使黄金珠宝成为年轻人追捧的时尚，老庙黄金也与世界黄金协会、国际铂金协会、DTC携手共同出资打造了"AMOUR真爱"系列、"情牵日月星"系列等新概念饰品，收获成功，使老字号焕发出时尚魅力。老庙黄金不断创新与尝试，才使得其能够随着时代的发展，生命力仍旧蓬勃向上，在黄金产业屹立不倒。我们相信那句"老庙黄金给您带来好运气"不仅仅是一句广告语，如今也是老庙黄金所传承下来的企业精神。当人们想到传承好运和福瑞的时候，老庙黄金会成为第一选择。

裘天宝黄金珠宝

——千帆过尽，自我复兴

指导老师：侯宏亮

项目成员：程安琪　罗　意　冯诗仪　王思彧

百年风雨，成色更足

最早的"裘天宝"银楼——"裘天宝德记"于清代嘉庆年间（1796—1821）创立于上海老城厢，历史非常悠久。清道光年间的裘天宝银楼是上海著名银楼之一，随着上海开埠，裘天宝银楼在南京东路分别开设了"德记"和"礼记"两号。1948年，裘天宝银楼打了一场颇有影响的官司，最终根据银楼同业公会规定，凡入会银楼仅可开设一牌三家同名银楼，重庆迁沪的裘天宝福记银楼被迫停业。

1901年，苏州人裘世德在山东路上于开设了近代最为大名鼎鼎的"裘天宝礼记银楼"。裘氏就是京剧表演艺术家、"麒派"创始人周信芳的岳父。1919年，"裘天宝礼记"迁至南京路营业，位置就在百年老店"冠生园"对面的钢筋水泥房子。与此同时，老城厢的"裘天宝德记"也早就迁移到南京路592号浙江中路附近的"新凤祥银楼"隔壁营业，旧址就是现在的中丝伊都锦商厦。另外在老城厢的小东门又新开一家"裘天宝"银楼。新中国成立后，不久南京路的两家"裘天宝"就分别关门歇业了。从现在留存裘天宝器物的款识来分析，仅有"裘天宝"三字款一种，但是文字字体有2种，一种字体清秀瘦长，一种字体比较宽肥。

清末民国的上海有着"远东第一大都会"和"东方夜巴黎"的称号，其繁荣程度冠于亚洲。无数创业家的传奇在这里发生，无数的超级富豪在这里产生，正因如此，昔日旧上海的万种风情和十里洋场的纸醉金迷处处可见。而其中银楼业中的翘楚——大同行"九大银楼"的产品，就可从某些方面略微见证当时的奢靡繁华。所谓大同行（又被称为同义组），乃是当时为了建立及规范上海滩银楼业行业信誉，起到同业联络和协调作用，上海凤祥、杨庆和、裘天宝、方九霞、宝成、庆云、景福、费文元、庆福星等九家设立于清代的信誉较好的银楼，也就是我们常说的九大银楼，于1896年在上海大东门花团街建造银楼公所，这是上海最早的银楼同业公会。从此，上海银楼业的服务就有了规章。

向内看，向外看

老上海人都知晓，裘天宝银楼是百年老字号，已有180年的历史。然而，裘天宝银楼的经历是曲折和复杂的。新中国成立后，由于历史原因，这个老珠宝品牌几乎销声匿迹。这块横跨3个世纪的老字号品牌几经沧桑，几乎失传。在改革开放后，黄金市场逐步放开，百废待兴。裘天宝银楼才逐渐试图重整旗鼓，然而随着其他老字号珠宝品牌的复兴、新兴品牌的崛起和国际品牌的进入，裘天宝银楼似乎并不景气。在调研的过程中，我们发现裘天宝在上海的门店屈指可数，在新生代群体中知名度不高，销售途径单一，只有线下门店以促销的手段吸引客户，不复往日辉煌。因此我们迫切地想要了解裘天宝银楼如何自我复兴。

我们了解到与现今同类新兴品牌相较，裘天宝银楼历史悠久，口碑良好，知名度广。在裘天宝银楼的鼎盛时期，以其产品——金条为例，裘天宝金条浇铸精细、成色十足，分量比别家都略微高点，因此在市场上特别受欢迎。当时的裘天宝银楼以其工艺精细、成色十足而创下了百年老字号的银楼招牌。

现如今的上海裘天宝黄金珠宝有限公司以生产金银首饰、中西器皿、宝星徽章、珠翠钻石、珐琅镀金、精致礼券为主，主要产品有金银首饰、珠翠钻石、珐琅镀金、金银纪念章等，种类繁多，做工精美，因而成为2008年北京奥运会贵金属纪念章特许生产商之一及2010年上海世博会贵金属纪念章特许生产商。其加工的产品为三大类，即黄金首饰、翡翠珠宝、贵金属纪念章，其中金饰品的规模为年产12吨，为主打产品。上海裘天宝黄金珠宝有限公司还引进了瑞士造币雕刻机和德国钱币彩印机等先进技术装备。而裘天宝公司也被改制为股份制企业，吸纳有一定经济实力的投资方参股合作，以解决建设生产基地等资金问题，从上海、广东引进技术管理人才，生产工人被派往佛山、厦门等地培训。

上海裘天宝黄金珠宝有限公司希望扩大品牌效益，光大百年老字号，他们深知老字号品牌的含金量，了解名牌的魅力是品牌无形资产价值的体现，也明白这个品牌凝聚了几代人的心血，得到了几代人的青睐。所以他们针对市场经济发展的特点，运用品牌效应，拓展市场。裘天宝银楼以自产自销的产品推广方式面向大众。新生的裘天宝银楼将是产供销一体化的，以纯金首饰为主的大型生产商、供货商、零售商，实现生产、加工、零售、修理、售后一条龙服务，公司以发扬传统和创新相结合为准则，以独特的优势展现珠宝行业的特色，试图让裘天宝这个老字号品牌恢复生机。

不服老，勇创新

在这个经济快速发展、市场竞争日益激烈的社会，越来越多的老字号开始退出人们的生活。这次在准备前往参观裘天宝银楼时，我们通过地图搜索工具，在整个上海只找到了不足10家店面，到达店铺之后也有点失望。首先，店面的装修和普通的金店并没有什么差别，其次，店里也没有任何人光顾。裘天宝虽然拥有百余年的历史，它有着非常深厚的底蕴，但这个经历过百年风雨洗礼的金字招牌并没有给企业在现代市场竞争中带来成功。

裘天宝作为老字号，代表着中国传统的商业文化，还代表着中国当时的传统手工技术，反映了当时的社会风貌，有着非常深厚的文化底蕴，因此，近年来国家也积极采取各种措施来保护那些老字号企业。但裘天宝也存在着一些问题，导致它不能在这个新时代立足。

核心产品不强，竞争能力较弱。老字号的品牌在创立之初一定是有自己的核心产品，也是被当时的人们所需要的。然而，现在这些产品正在逐渐被新的产品所替代，裘天宝银楼的主要产品是各种银饰和金饰，然而现代人更加喜欢佩戴钻石饰品，或者一些海外的名牌饰品，对于金饰的需求远远没有以前这么高了，那么裘天宝银楼在这个激烈的市场竞争中被淘汰在所难免的。而现在市场上的一些比较受年轻一辈欢迎的金店，比如周大福、周生生等等，它们往往通过更加时髦的设计、更加有力的宣传手段，来吸引更多的年轻客户群体。

我们认为老字号不应再拘泥于现状，或者一味追求传统，它需要改变。这个时代，人们一直推崇创新，老字号也需要一些创新。比如在一些首饰、金饰的外观设计上，少一些传统的、让人觉得有年代感的设计，试着加入一些现代的新兴元素，或者可以和其他的海外火热品牌进行合作，设计一些带有流行元素的外观来吸引现在的年轻客户群体。

使用一些现代的宣传手段，对自己的品牌进行宣传。比如注册微博，通过微博的大流量对自己的产品进行宣传；开通微信公众号，在上面发一些品牌的活动详情，新产品的发布等，通过网络的手段能让更多的网络用户知道自己的产品，自己的品牌，扩大自己的品牌影响力，以此来吸引更多的顾客。

紧跟全球化脚步，将老字号的传统工艺技术和历史文化资源推向海外市场。现在中国大力建设"一带一路"经济开发区，与各个国家之间都有非常紧密的贸易合作关系，老字号可以抓住这些贸易契机，把自己的产品推向海外市场。这样不仅仅是在国内能有一个很好的发展，在国外也能有一个不错的知名度，品牌的发展方向更加的多元化，品牌的影响力也越高。

现在的没落并不是永久的消沉，通过一些适合的宣传方法和品牌转型，再加上自己作为老字号独特的底蕴和文化内涵。我们相信，裘天宝银楼依旧会有一个光明的未来。

青春护品牌，守望老字号

康沈路从头至末约有5家不同的金店，包括裘天宝银楼，每家银楼相隔约50米左右。外楼装修古朴，透着岁月沉淀的气息，"裘天宝银楼"的标牌用铜制，闪光明亮，各店中均以大理石为底，将首饰展示在玻璃橱窗中，方便顾客观察，橱窗中的首饰以黄金玉石为主，钻石银制偏少，员工着统一服装，并在门口配有保安维护秩序。我们先采访了几家分店，询问了关于客流量、年龄层次以及样式的问题，回答大体相同，得知顾客大多为中年及以上，偏好金饰玉镯等，设计也更偏向于比较朴实的花朵福字等，年轻人更偏向于钻石搭配宝石类，设计也喜爱概念类。

经了解，裘天宝以发扬传统和创新相结全为准则，以其独特的优势展现珠宝行业的特色。金色门面的店内，陈列着各式各样做工精美的金银首饰、珠翠钻石等，非常精致大气。作为曾经的上海四大银楼之一，它让民族品牌发扬光大，传承了中华老字号的精髓。它以自产自销的产品推广方式推向大众，并实现了生产、加工、批发、零售、修理、售后一条龙服务，令我们赞叹这个老品牌十足的真诚与良心。

项目成员们不仅了解了时代对品牌的巨大影响，也学会了从不同角度设身处地地思考品牌此刻以及未来的发展趋势，理性地分析比较优势劣势。这次活动增强了我们的专业实践经验，为以后的学习和工作打下坚实的基础。

美 妆 类

百 雀 羚

——百年植萃，耀舞东方

指导老师：王　凤
项目成员：王鹏飞　邱鸿禹　刘珏汝　李金秋

风开树上梢，百雀展翅迅

（一）起源：初出茅庐，百雀羚由顾植民先生于1930年在上海创立

"百雀羚"的创始人叫顾植民，生于1903年，上海原嘉定黄渡乡人。他14岁便从乡里出来，到上海城里谋生计。1929年，他通过应聘，当上了名声赫赫的上海先施百货公司营业员，负责化妆品销售。在先施工作时，顾植民开始了创业尝试，首先开办了一个小作坊，最初只有顾氏夫妻二人和一个学徒工，自行购买材料和料瓶，生产白玫瑰牌头水和花月霜牌雪花膏。顾植民在担任先施的销售时，顺带推销自产的产品。

1930年2月11日，顾植民注册成立了富贝康公司化妆品有限公司。如那个时代的多数创业者一样，富贝康也是从一个小作坊

开始，对创始日的记忆和记载也常常模糊，此前多数的表述为"百雀羚创始于1931年"。但上海市档案馆所藏工商登记档案明确记载了富贝康公司正式注册的时间，使得百雀羚又"长"了一岁。这一年，富贝康公司向民国政府申请注册了"百雀"商标，这也是"百雀"和"百雀羚"品牌的肇始。在"百雀"品牌下，富贝康公司主要生产香粉、香水、胭脂、唇膏、露水以及后来出品的"百雀"牙膏，同时也以"富贝康"品牌出品香水等产品。

1931年，上海富贝康公司引进德国配方，中国第一代护肤品成功问世。

（二）扬名：一炮而红，百雀羚成为上流社会宠儿

1936年，富贝康家用化学品有限公司向国民政府申请注册了一系列"百雀"商标。"百雀"及其经典的栖闹花枝的四只雀鸟图案，飞入万户千家。

百雀羚诞生之际，恰逢第二次世界大战爆发，德国妮维雅退出中国市场。价格仅妮维雅一半的百雀羚，很快凭借可靠的质量和亲民的价格，填补了妮维雅留下的空白。尽管当时中外各种化妆品斗艳争辉，但百雀羚化妆品的销量特别好。

1939年，为支持顾植民研发新产品，一位朋友给他提供了一纸冷霜秘方。顾植民利用这一纸配方反复钻研配制，终于生产出中国第一款自产冷霜。这款冷霜被定名为"百雀羚"，既延续了已颇有盛名的"百雀"品牌，又以"羚"字加以区分，且蕴含了多重寓意。百雀羚成了名媛贵妇的首选，著名电影明星胡蝶、著名艺人周璇等，都用上了百雀羚。百雀羚取代德国妮维雅成为国内化妆品第一品牌，成为冷霜头号品牌。

（三）发展：改制重组，百雀羚成为时代印记

1949年8月，上海市人民政府、上海市军事管制委员会执行

中央恢复经济、扶助私营经济的政策，在上海成立了上海市工商联筹委会，顾植民应邀加入。进入新时代的富贝康，依旧保持稳定发展，并且改进了"百雀羚"的配方和工艺。

1956年，公司在公私合营后改名为公私合营富贝康日用化学工业公司。大来化妆品厂、先施化妆品厂等15家日用化学品厂一起并入富贝康。随着公私合营的进一步深化，1958年7月1日，公私合营志成化学品厂与富贝康合并，统一使用"公私合营上海日用化学二厂"厂名，翁伯年为厂长，顾植民为副厂长。此后不久，顾植民在半百之年因心肌梗塞意外去世，儿子顾炯为接手了公司。

1961年7月，顾炯为决心改进百雀羚油脂配方。经过几年努力，终于获得成功，百雀羚的油脂成功实现油和水分离，天热时不再会溢出来。这是百雀羚里程碑式的技术突破。

1962年，上海日用化学二厂专业生产百雀羚系列化妆品。同年5月，顾炯为通过交换房子的方式，从石库门培福里搬到南昌路的光明邨，时隔多年，依靠百雀羚告别了和煤炉、马桶相伴的生活，顾炯为感慨万分。

1980年，顾炯为被轻工业局调往市日用化学研究所工作。80年代后，百雀羚在国内首创肌肤由单纯的"保护"诉求，进入全面"护理、滋养"的护肤新理念，旗下的百雀羚、凤凰产品系列风靡全国。世事的变迁并没有影响百雀羚的受欢迎程度，其销量依然可观。根据日化二厂的资料记载，直到20世纪80年代，其年产量已达4000万盒。

（四）沉寂：外资竞争，百雀羚淡出大众视野

改革开放后，百雀羚不是当年上海滩上流社会的奢侈之物，而成为平价护肤品的代表。虽然百雀羚造福了几代中国人，但

长期定位于价格低廉的大众护肤品，也限制了它发展的空间和利润。

1986年，日化二厂经过资产重组变成了上海凤凰日化有限公司，公司连年亏损，工厂濒临破产，最后将百雀羚品牌仅仅以50万元人民币变卖给香港商人，再加上外资品牌的冲击，凤凰日化有限公司的经营陷入困境，在20世纪90年代走到了濒临破产的边缘，百雀羚作为本土品牌渐渐沉寂。顾炯为看着父辈产业流失万分痛惜但又无可奈何。

（五）重振转型：转型受阻，终走上年轻化道路

2000年，改制为民营企业的上海百雀羚日用化学品公司成立，陆续推出安全无刺激的天然护肤品，有"中国小黄油"的凡士林霜、凤凰甘油一号、百雀羚止痒润肤露等明星产品，铺垫出一条天然安全的护肤之路。但"百雀羚"的品牌转型之路走得并不轻松。改制成功后的"百雀羚"，最初尝试走以凤凰甘油一号、凡士林保湿润肤霜为主打的重振"经典国货"的线路，但调查得到的消费者反馈却是"品牌品质很好但形象太老"。于是在随后几年时间里，百雀羚开始进行品牌的年轻化。

（六）转型成功：重塑辉煌，国礼相送美丽复兴路

转型后的百雀羚取得了令人欣喜的战绩。2001年，百雀羚公司携手美国迪士尼公司，联合推出儿童护理系列产品——小百羚，震撼业界。同时公司在产品开发、技术配方及生产流程上均获得了美国迪士尼公司的A级评价。2004年，百雀羚展开全国性市场调研，筹备转型。2007年，"百雀羚"荣获"中国驰名商标"称号。

2008年对百雀羚来说是不平凡的一年，在这年，上海市政府用500万元人民币重新买回百雀羚的商标权，并在上海成立了百

雀羚有限公司,百雀羚获得了新生。同年,中国传统医学与先进科技的完美结合,百雀羚草本系列隆重上市。

为推出"水嫩倍现保湿"系列,2010年,百雀羚邀请国际巨星莫文蔚作为形象代言人,打破了国货品牌无代言人的先例,通过广告并辅之主题营销活动来树立品牌形象。这个有着深厚文化底蕴的品牌突破国货护肤品陈旧朴素的形象;采用了了新的时尚元素,对其品牌及顾客群定位的改变起到了关键作用。此后,百雀羚的崛起之势更是不可阻挡。

2011年,百雀羚在品牌80周年之际,入驻天猫,步入电商时代。2012年,百雀羚对渠道终端的投入方法,从做特价转为派促销员,规定折扣不得低于8折,避免了品牌陷入低价怪圈,那一年,其线下销量超过相宜本草,夺得国产品牌第一的桂冠。2013年,第一夫人彭丽媛参访坦桑尼亚,将百雀羚作为礼物馈赠,百雀羚当年销售额因此暴涨100%。

2014年8月,百雀羚以1.8亿巨额拿下《中国好声音》独家特约赞助权,将百雀羚带入了大众视野。同一年,又斥巨资冠名王牌综艺《快乐大本营》,大大增加了品牌曝光率。其后,百雀羚签约周杰伦、李冰冰与两位深受年轻人喜爱的正能量偶像合作,可谓是百雀羚迈向年轻化的重要一步。

与一众仍处于品牌发展瓶颈的老字号相比,百雀羚的积极探索已让其成为使国货焕发新生的典型代表。

千磨万击还坚韧，任尔东西南北风

（一）发展战略转变，经典国货走向年轻化

20世纪90年代之前，百雀羚依靠低价薄利的竞争策略，在国内市场广受欢迎，成为"经典国货"。但随着外来品牌的涌入，拥有"经典国货"头衔的百雀羚，被人有意无意地贴上"老化"的标签而使消费者缺乏购买热情，品牌老化问题突出。

为解决以上问题，走出瓶颈，百雀羚重新定位目标市场，将其市场向年轻人进行了延伸，通过推出针对年轻人和儿童的护肤产品，并采取相应的传播策略来开拓新的市场：进行产品创新，更新了原有的产品理念，将产品原有的单纯"护肤"功能拓展为"护理、滋养、营养肌肤"，同时百雀羚丰富了旗下产品线，相继推出了水嫩倍现、草本精粹、气韵草本等草本系列护肤品，对产品的香味和性状也进行了改进；品牌要素改变，对品牌logo重新定义，加入绿色元素，与时俱进；整合传播，接轨新媒体时代，通过传统媒体和新媒体等传播平台进行品牌年轻化新形象的传播；适应互联网大潮流，发展了云商模式，迎合时代潮流和年轻消费者的购物习惯，开辟网络销售新渠道。

（二）产品线铺设，打造平价个护王国

（1）百雀羚下设四大知名品牌：百雀羚、凤凰、小百羚、迪士尼。

（2）主要生产的大类产品有：护肤用品、洗护发用品、个人清洁用品、花露水和美容化妆用品等。

（3）百雀羚的产品主要覆盖20—35岁的消费者，产品功效立足于基础型护肤和天然型护肤，产品定位以中低端为主，系列单品价位跨度大，但大部分产品仍然属于中低端行列。

系列	适合年龄	主要功效	单品价位（元）
水嫩精纯系列（中端）	25—30	补充水分，改善干纹暗沉	120—200
水嫩倍现系列（中端）	25—30	调节肌肤的水油平衡	100—200
草本精萃系列（基础）	20—30	改善肤色暗黄、祛痘抑痘	50—100
三生花系列（高端）	20—30	女性专用补水保湿	150—300
水能量系列（高端）	30—35	提升抗氧化力	150—350
气韵系列（中高端）	30—35	修复肌肤、抗氧化	120—250
男士护理系列（基础）	各年龄段	基本功能	30—100
经典系列（基础）	各年龄段	基本功能	30—100

（三）以顾客为中心、市场为导向，整合营销模式

1. 口碑营销

80、90后们可能还记得那个印有小鸟图案的蓝色小圆铁盒，揭开盒内银色的锡箔，用食指蘸取一点乳白色凝脂，慢慢在脸颊抹匀，是很多人童年的回忆之一。有人说，百雀羚是"妈妈的味道"，但其实它已经是一个祖母级的品牌了。百雀羚数十年积累的好口碑与知名度、美誉度，在网络通信发达的今天作用更加凸显，百雀羚之好，通过人际传播的口碑营销更有成效。

2. 传统媒介营销

针对年轻消费者的媒体接触习惯和审美标准，百雀羚请来时尚、多变、人气颇高的明星莫文蔚当广告代言人，利用百雀羚的传统和莫文蔚的大胆而现代这两个对立元素之间的冲突来提高广告关注度，后续又请来周杰伦和李冰冰代言。百雀羚还独家赞助了2012年最火的音乐评论类节目《中国好声音》，这些尝试既保

证了原有品牌印象的迁移，又在年轻消费群体心中播下了时尚的种子。

3. 网络营销

百雀羚利用新媒体平台在百雀羚官网、论坛、淘宝网店、视频网站、QQ群等网络平台进行品牌传播。通过这些平台，消费者除了可以了解百雀羚的发展历程、新闻动态和产品介绍，还可以和其他消费者交流和互动。百雀羚这种整合传统和网络媒介进行品牌传播与营销的方式，不仅能很好地将品牌理念传达给中老年消费群体，还能有效地引起年轻消费者的关注。

4. 品牌营销

品牌营销有助于促进产品销售和树立企业形象，更便于消费者识别所需商品，是一种无形的企业资产。在复古潮流行的市场环境下，百雀羚的品牌形象在年轻化转型中仍延续经典国货老字号，作为国货中知名度最高的企业，其产品包装仍保留原来经典装饰元素，不断巩固其在消费者心中的印象，获得持续增长的品牌忠诚度。

5. 国际营销

百雀羚，抓紧国礼的潮流以及加入IFSCC（国际化妆品化学家学会联盟）的机遇，建立国际品牌形象，打造国际化关系营销；建立自己的商学院，培养专业人才，有效地帮助经销商、广大员工进行系统的教育培训。

（四）品牌对比，取长补短，相得益彰

百雀羚主打天然、草本理念，因此团队选择了同样主打该理念的国内外几个品牌，并将它们和百雀羚做了对比，找出彼此差异，从而发现百雀羚可借鉴之处，为百雀羚的发展提出可行性建议。

1. 悦木之源

1）品牌介绍

悦木之源（Origins）1990年诞生于美国纽约，它由雅诗兰黛集团创始人雅诗兰黛夫人之孙——威廉·兰黛先生创立。悦木之源隶属于全球高档化妆品集团雅诗兰黛集团，是面向男性和女性提供产品线的高效能、纯天然的高档护肤及化妆品牌。

2）产品线铺设

系列	功效	单品价格（元）
复活草水润系列（基础）	保湿补水	100左右
韦博士灵芝焕能系列（高端）	修护肌肤脆弱、泛红	250—400
韦博士刺梨焕亮系列	美白淡斑	200—350
锯棕榈控油系列（中端）	控油祛痘	150—300
榆绿木青春紧弹系列	紧实肌肤、增加皮肤弹性	100—200
白茶抗氧化系列	抗氧化	100—250
咖啡因活力焕亮系列	唤醒肌肤、提亮肤色	250—400

3）差异性比较

（1）产品定位：相较于百雀羚，悦木之源产品的单品价格主要集中在150—350元，产品价位的定位是高端化妆品，且目标消费者为30—45岁的中年女性群体，产品功效以抗氧化、补水的保养效果为主。

（2）国际化的推进：悦木之源作为一个成立不到30年历史的护肤品牌，创立第二年就在伦敦开设专柜，之后在不到十年时间里就在爱尔兰、韩国、新西兰和西班牙等15个国际市场开设了40家新门店，品牌国际化的推进速度之快。相比之下，百雀羚虽然在20世纪40年代就已风靡东南亚等国际市场，但之后的国际化步伐于2000年转型后才有大举动，依靠与迪士尼等国际知名公司的合作以及第一夫人的"国礼"政治宣传才在国际市场上有所知名度，至今在国际领域知名度有限，市场占比不高，悦木之源的国际化战略有待百雀羚学习与借鉴。

2. 茱莉蔻

1）品牌介绍

茱莉蔻是由生化学家Jurgen Klein 和他的妻子 Ulrike Knew 于1985年创建的纯天然护肤品牌，产品中95%以上的原料都来自澳大利亚南部的阿德莱德山冈的 Mylor 活机农场种植的植物，被誉为地球上最精纯的护肤品。

2）产品价位比较

调研过程中，我们选取了同样具有抗皱杀菌功能的玫瑰芳香精油、补水养颜的滋养面膜和清洁保湿的水乳进行比较，发现茱莉蔻的三款产品单价均比百雀羚高，但不同产品的价位差价不同，玫瑰精油和滋养面膜价位相差大，保湿乳则差价小。

3）差异化比较

（1）相同产品价格不同，茱莉蔻价位较高，原因在于二者的目标消费群体不同。茱莉蔻消费群为35—45岁群体，这一群体经济状况好，购买能力较强，护肤消费理念注重品牌；而百雀羚目标消费群为20—35岁的群体，相比之下这一群体购买能力较有限。同时又由于精油和滋养面膜属于深层护肤，而清洁保湿乳属于基础护肤，产品护肤层次不同对产品技术要求不同，差价也就不同。

（2）生产模式差异：茱莉蔻是世界上唯一一家从植物的种植到产品研发生产一条龙的纯天然护肤品生产企业，相比于大多数如百雀羚一样收购与研发生产相分离的企业，这种模式可以保证原料的天然安全，做到全流程的实时把控，进而确保产品质量。同时一条龙的模式有利于企业节约成本，取得规模效益。

（3）产品差异：茉莉蔻针对不同季节的不同肤质研发了不同产品，这种做法既保证了产品的销售稳定，又取得了消费者对品牌的好感，一举两得。相比于百雀羚按年龄段、功效生产产品具有独特的优势。

（4）原料差异：茉莉蔻使用活机农场植物作为生产原料，这是其护肤品的独特之处。百雀羚产品的进一步升级或许可以从原料源头入手。

3. 佰草集

1）品牌介绍

佰草集诞生于1998年，传承中医中草药文化，以"平衡之道"为精髓，融汇古今智慧。2008年，佰草集通过欧盟认证打开海外主流护肤市场，始终致力于传递东方美国际范。

2）差异化比较

（1）定位差异：佰草集破冰低端竞争，冲击高端市场。一上市佰草集就把价格瞄准国际一流品牌：一套护肤产品定价1300元，一瓶晚霜定价380元，超过外资品牌玉兰油和欧珀莱。而百雀羚定位于中低端市场，一直以来实行薄利多销策略，百雀羚可以考虑进军高端化妆品市场。

（2）理念差异：高端产品必须有清晰的产品定位理念和内涵，使消费者产生价值认同，才能真正被市场认可。在研究了资生堂和高丝的经验后，佰草集果断提出了"中草药个人护理专家"的品牌定位，扛起了汉方护肤大旗。佰草集与百雀羚虽同属于草本护肤理念，但佰草集的产品定位是对草本护肤的进一步深化。因此对百雀羚来说，有必要在原先草本护肤的理念基础上挖掘新的定位理念，拓宽产品内涵。

（3）渠道差异：在"专营店＋加盟商"的模式下，为了提高物流环节的效率，减少库存积压，佰草集对专营店实施了直供模式，让专营店直接和仓库连接，自主完成配货；百雀羚实行批发商、零售商和代理商三商分销，相比于佰草集，百雀羚的销售渠道中间物流环节过多，对终端资源掌握较少。

百雀盘于高空，独栖良木之上

在前文中，我们已经了解了百雀羚的历史和现状，并比较了多个品牌和百雀羚之间的差异，接下来团队将分别应用STP策略、SWOT矩阵和4P战略对百雀羚进行分析，并给出一些意见和建议。

（一）STP战略分析

1. 市场细分

（1）18—21岁的用户：此年龄阶段的用户多为在校学生，肤质好，多为油性皮肤，无独立的经济能力，对护肤品追求经济与时尚，但不注重品牌。

针对这一群体，可以以出售售价低、清爽、时尚的化妆品为主，百雀羚的草本精萃系列就主要针对此年龄阶段的人群。

（2）22—26岁的用户：此年龄阶段多为初入社会工作的女性，皮肤出现初老化，多为油性或者中性肤质，具备独立的经济能力，但收入有限，对化妆品更注重品牌。

针对这一群体可主要出售经济、保湿、时尚的化妆品，百雀羚的水嫩倍现系列则主要针对这一人群。

（3）27—35岁的用户：此年龄阶段的客户开始出现皮肤衰老

问题，大多为中性皮肤，具有良好的经济购买能力，追求时尚天然，注重品牌。

针对这一群体主要出售中高端产品，产品功效主要为保湿、美白、抗衰老，百雀羚的水嫩精纯和水能量系列主要针对这一年龄阶段的人群。

（4）36-45岁的用户：此阶段的用户皮肤衰老问题加重，大多为中性或者干性皮肤，经济稳定，收入较高，注重品牌。

针对这一群体，水能量和水嫩精纯系列是不错之选。

（5）45岁以上的用户：此阶段的用户皮肤衰老等问题持续加重，护肤理念呈现两极分化，同时对品牌的追求欲望有所下降。

2. 目标市场

从市场细分来看，18—21岁的用户对护肤品的需求较少，所购买的产品多为经济型，且本身购买能力低，加上对老字号国货百雀羚的认可度低，因此这一市场只是百雀羚的补充市场，不作为主要发展市场；而45岁以上的用户则对护肤的态度会呈现明显的两极分化，一部分会更注重皮肤保养，对化妆品的功效性要求高，而百雀羚专注于基础护肤，这与客户需求不同，所以这部分消费者更易受到国际知名品牌的吸引，另一部分则对皮肤护理的关注度降低，转而更多关注身体本身的健康，因此45岁以上的消费群体也不在百雀羚的主要销售群体范围之内。

3. 市场定位

（1）产品定位：天然、温和、草本。同时为了与同类草本护肤品牌相区分，实现与竞争对手的差异化，百雀羚应发挥历史悠久的优势，将形象定位为传统与时尚的交融。

（2）定位策略：消费者群体定位主要分为性别定位、年龄定位、特殊消费者定位。竞争对手定位针对国产化妆品以薄利多销控制着中低端市场，但近年来许多外来高端品牌正向低端市场不断渗透，百雀羚在保证中低端市场稳定的同时，也要通过尝试研发高端产品向高端化妆品市场挺近。

（3）定位错误：百雀羚的产品单品价格从4、5元到200元都有，产品价格过于极端，给消费者对产品定位造成混乱。

综上所述，我们建议百雀羚的产品目标市场应该是22—45岁的追求天然型护肤的客户，主力客户为25—35岁的同类客户，这类客户购买能力较高，追求健康及精神生活，对中国文化有一定的认同感。市场定位应是传统与时尚融合、天然温和的草本护肤品。

（二）SWOT 矩阵分析

1. 优势分析（strengths）

（1）作为民族品牌，百雀羚历史积淀深厚，知名度较高。1930年创立的百雀羚，已经走过了93年的风风雨雨，在这一过程中积累了丰富的品牌价值，拥有较高的品牌知名度，建立了广泛的消费者基础，具有国外品牌无法比拟的优势。

（2）围绕中草药建立起来的差异化竞争壁垒。百雀羚从创立以来就致力于中草药化妆品的研发，从《本草纲目》《神农本草经》等医家圣典中探寻护肤之法，"草本护肤"是区分百雀羚与其他化妆品品牌最大的辨识点。

（3）百雀羚与国外先进研究机构建立合作关系。同德国ACEPLIC公司共同组建ACEPLIC研究中心，研发现代护肤之法，拥有了国际先进的"冷浸泡萃取"等多项技术，在中草药化妆品领域具备独特的技术优势。

（4）产品价格较低。中低档次的国产化妆品更能适应国内消费者的消费水平。

（5）产品质量较好。百雀羚采用纯天然、温和无刺激的原料，生产的产品更适合国人的肤质，这是百雀羚质量的保证。

（6）近年来，百雀羚全面"触网"，已在网络销售领域占据一席之地。

2. 劣势分析(weaknesses)

（1）转型之后的百雀羚在品牌宣传与产品包装方面、科技与潮流两大宣传点上的宣传力度不够，缺乏新鲜元素，广大女性在内的年轻消费群体对品牌的认知度不高，品牌的年轻化战略需进一步贯彻。

（2）产品主要是中低端化妆品。高端产品欠缺，时尚产品较少，导致产品附加值较低，产品利润微薄。

（3）消费群体定位有限。百雀羚旗下产品主要针对20—35岁消费者，市场覆盖面有待提高。

（4）品牌的运作能力和管理能力相对于国外同类品牌较弱。尤其体现在国产品牌的"走出去"步伐缓慢，在国际市场上知名度低。

（5）同类替代产品多，核心竞争力不足。佰草集、相宜本草等竞争品牌占据主要市场。

3. 机会分析（opportunities）

（1）潜在消费者数目庞大。中国经济的平稳增长、城市化进程的快速推进、巨大的市场容量为本土化妆品企业提供了广阔的发展空间。

（2）随着人民生活和收入水平的提高，消费水平也随之提高。

（3）国家振兴民族品牌的政策，为百雀羚这类老字号品牌的发展营造了有利的成长环境。

（4）消费者消费行为越来越趋于理性，支持国货的呼声越来越高，国内消费者对国外化妆品的迷恋已有所减弱和松动，这对性价比高的国产化妆品无疑是一个巨大的机会。

4. 威胁分析（threats）

（1）行业标准提高和监管力度加强。

（2）国内化妆品市场竞争愈加激烈。外资、合资化妆品公司在占据着中高端化妆品市场主要份额的同时，逐步向低端市场渗透，重组及并购浪潮兴起，行业集中度进一步提升。上海百雀羚无疑受到了巨大的压力和挑战。

（3）消费者品牌认知度加强。更多的消费者更注重品牌的消费，品牌知名度越大，往往越能吸引消费者。

（4）公司的运营压力大。随着国际金融危机的不断发展，中国化妆品行业不可避免地受到影响，市场环境剧烈波动，原材料价格宽幅震荡，这要求管理层谨慎把握公司发展方向，密切跟踪批发商和零售商的经营状况，采取有效措施稳定市场、提高公司管理水平和应变能力。

（5）人才上的压力。如果由于薪酬、团队合作或上级调动等原因导致公司核心管理团队人员或关键研发人员离开，可能会对公司的经营和成长造成一定困难。

根据百雀羚公司现在所面临的优势、劣势、机会、威胁，我们提出了如下的相适应的发展战略以及意见和建议：

a. SO战略：针对百雀羚品牌历史悠久等优势，结合目前化妆品市场广大、消费水平日渐提高的现状，公司可以采用产品开发战略，丰富产品线和扩充产品组合，也可采用市场渗透战略，抓住机遇，抢占市场。

b. WO战略：针对广告宣传不足、营销渠道有待进一步建设、市场开发潜力巨大的现状，公司可以开发新市场；同时针对百雀羚产品价格低的情况，我们认为成本领先战略依然是首选战略。

c. ST战略：针对百雀羚技术优势、产品质量有保证但市场竞争愈发激烈的现状，公司应集中优势以专取胜，采取差异化、特色化战略。

d. WT战略：针对公司品牌运作和管理能力较弱、核心竞争力不足的内部不足，同时行业监管的加强、企业整体运营压力大的问题，公司应调整内部组织结构，建立紧凑、干练的扁平化组织结构以应对激烈的市场变动。

（三）4P战略分析

1. 产品策略

百雀羚丰富产品线，扩宽产品组合，部分系列有不同规格、型号、样式、花色，从单一向全品类发展，满足不同消费者的需求和喜好，例如百雀羚最新推出的水嫩倍现保湿系列是品牌产品线最完整的产品系列，属于基础护肤系列，共包含8款产品，包括洗面奶、水、乳、精华、面霜、特润霜、片状面膜及夜间睡眠面膜，满足了女性对产品不同品类及质地的需求。

在产品包装方面，原包装上四只小鸟更注重细节，改进后现包装更突出风格化，同时加入绿色元素，品牌印象完成了由原先黄色主调的老式感向绿色主调的清新感的转变，清新自然的风格比较符合时尚潮流，在传承中得以创新；同时不同系列的包装各有特点，水嫩倍现系列采用了草本绿色，草本精萃系列采用的是白底绿标签，经典护肤系列沿用黄蓝色为主的原包装，而男士护理系列则采用黑色，让人一目了然。

2. 价格策略

国产老品牌因为其质优价廉而被消费者所接受，但随着时代的发展，假冒伪劣产品的泛滥让消费者对国产老品牌的廉价产品产生了信任危机，同时消费者对产品的需求点也不仅仅停留在功效上，产品所代表的品位追求等情感需求扩大，因此对产品性能与包装的更新愈发重要，这对百雀羚来说也不例外。

百雀羚实行产品价格差异化战略，一方面保留原先优质廉价的经典产品，满足中老年消费群体需求的同时，也是对百雀羚经典的传承；另一方面，推出中高价位的新产品，满足购买力强的年轻群体对产品品位追求的需求；对于年轻低收入群体，如大学生，百雀羚推出价格适中、质量可靠的产品，通过价格差异化扩大消费群体，提高市场占有率。

3. 渠道策略

线上线下同步进行：单一或者过度依靠实体销售或者网络销售任一方都不是最佳的选择，百雀羚坚持线上线下同步推进，线下在一二线城市设立品牌专卖店、护肤专营店、超市化妆品专柜，线上同淘宝、天猫等网络平台结成长期合作关系，建立百雀羚官方旗舰店。

批发商、零售商两级分销：无论线上还是线下，在每一销售系统中都有批发商和零售商两级分销机构，在与零售商的合作中，在商品定价、陈设位置等问题方面都由双方协商决定，同时扩充代理商队伍。

加盟连锁经营：百雀羚积极探索新型分销渠道，发展连锁经营模式，鼓励个人或者商店加盟百雀羚连锁店管理，由个人加盟延伸出微商、电商等销售分支，使百雀羚与消费者联系更加紧密。

4. 促销策略

广告促销：自2010年起，百雀羚选择在湖南卫视《快乐女声》、江苏卫视《非诚勿扰》等投放广告。在2012年最炙手可热的浙江卫视《中国好声音》节目上，百雀羚延续了原有的广告投放策略。

名人效应：选用颇具国际范的莫文蔚、周杰伦、李冰冰等做系列产品的广告代言人，传统与潮流之间的结合充分吸引了消费者的眼球，充分向消费者释放出百雀羚品牌形象转型的信号。

新媒体网络促销：在微博等社交平台发布包括奖品宣传等具有实际销售内容的信息，借势营销。

公益促销：百雀羚相继发起"琥珀计划""惊喜计划""守护行动"等公益性质的活动，在收获品牌好口碑的同时，间接地为百雀羚产品做了很好的促销。

针对上述对百雀羚产品、价格、渠道、促销现状的分析，我们提出以下建议：

（1）百雀羚应丰富男性化妆品产品线：随着经济发展，男性对护肤的需求也随之增高，对功效的需求也随之增加，因此应注重开拓男性化妆品市场，增加男性化妆品产品种类。

（2）适当缩小产品价格跨度：百雀羚在产品价格上实行价格差异化战略，从几元到几百元不等的产品均有涉及，这在扩大市场的同时，会造成消费者对百雀羚品牌定位的混乱。

（3）发挥中小城市实体店的功能：在网络销售时代，百雀羚加大网络营销力度，实体销售也主要集中在一二三线城市，但也要重视在物流欠发达的中小城市，发挥实体店"最后一公里"的市场占领作用。

（4）调整代理商队伍：应改变层层代理的传统销售模式，尽量向拥有超市或者专卖店等终端资源和操作经验的代理商倾斜。

（5）创新营销方法：以往百雀羚多次借公益活动开展话题营销，相反实质性的话题营销等却很少，公益营销只是辅助，若作为主要营销方法给人以老套的感觉，促销缺乏创新力，因此百雀羚需要借助新媒体平台创新营销方法。

百雀天间回旋，影映四海大陆

剑指百年，厮守东方之美。一路走来，百雀羚早已不是当初那个诞生于1931年的小作坊，而是秉承"专为东方女性肌肤研制"的护肤理念，用新锐科技赋能天然草本的百年老字号护肤品牌。

走进坐落于上海市奉贤区奉浦大道12号的百雀羚化妆品研发中心，映入眼帘的是一番专注、肃穆的景象，每一位员工都全身心投入在自己的工作之中。接待人员带领我们参观了核心研发区之外的开放区，通过接待人员的讲解和建筑内部的宣传物和陈列物，我们便能看到百雀羚对产品研发工作的严谨细致。而当我们走进售卖百雀羚的化妆品店和超市时，其醒目的绿色包装引人注目，我们也从售货员处得知百雀羚的销量一直保持稳定，深受消费者的喜爱。

百雀羚的成功，背后凝聚着一代又一代人的努力。百雀羚所生产的每一件产品都是匠人们不断雕琢的结果，都是承载与诠释着新时代下的工匠精神。追求完美和极致，正是每一个百雀羚员工所信奉的工作理念，百雀羚力求每一件产品尽善尽美，能把最好的东西献给消费者。作为历史悠久的化妆品品牌，我们看到了百雀羚的推陈出新，无论是在化妆品的类别上还是在营销方式上，它都给了我们惊喜。百雀羚的创新精神使其得以向更高的层次发展，也使品牌涌动出新的活力，焕发出新的光彩。

现在的百雀羚，作为上海的老字号品牌，秉持着上海"海纳百川，追求卓越"的精神，落实着"脚踏实地，开拓创新"的新企业精神。通过对百年老字号百雀羚的寻访，我们收获良多，感悟颇深。百雀羚的再度崛起，让我们看到了老字号品牌的真正价值。这些老字号不仅是文化传承者，它们也是历史的见证者，是历史的创造者。我们要继承和弘扬传统文化，保护好这些老字号招牌，将这些老字号背后的故事一代一代地传下去。无论是个人、企业还是社会，都应该像百雀羚一样，脚踏实地，勇于创新。作为当代大学生的我们，更应将这种精神作为一种信仰，将其化为我们的内在品格，在实践中加以践行，如百雀羚一般，承担起时代交给我们的重任。

美 加 净

——力行当下，着眼未来

指导老师：王　凤

项目成员：何荣干　李博涛　孙　晨　梁超群　王钰婷

"外嫁"风潮汹涌起，步步牵动众人心

美加净是上海家化联合股份有限公司旗下的知名国货品牌，以更天然、更细分、更全面、更突破、更亲民的高性价比化妆护肤产品占据着市场。

上海家化是中国历史最悠久的日化企业之一，前身是成立于1898年的香港广生行，历经百年发展，于2001年在上海股票交易所上市。上海家化高度重视自主品牌建设，旗下拥有、六神、美加净等诸多中国著名品牌，面对中国市场上的激烈竞争，家化通过采取差异化的品牌经营战略取得了不俗的成果，在众多细分市场上建立了领导地位，开创中国化妆品之先河。

创立于1962年的美加净，是身兼创造中国化妆品市场第一支定型摩丝、第一支防晒霜、第一支定型护手霜等无数光荣的民

族品牌。1990年，美加净进入巅峰期，是行业的第一品牌，年增长率高达两位数。然而，在20世纪90年代兴起的"外嫁"风潮中，美加净1990年与庄臣合资，至此该商标被束之高阁。被收购后的第一年，美加净的业绩惨不忍睹，直到1994年上海家化忍痛买回美加净时，这一品牌风光不再，在上海家化的等待和犹豫中，又经历了将近10年的徘徊期。

虽然面对着诸多不利，但上海家化并没有选择放弃，企业立志于努力解决眼前的不利局面，把既有的品牌维护好，复兴美加净这一昔日风光无限的老品牌。

从上海家化复兴美加净的策略来看，除了在资源上予以倾斜，在内外环境上提升美加净复兴有理的信心，上海家化的领导层则始终告诫自己从前些年对美加净的闲置经历中痛定思痛，花费多年用以摸索美加净的发展之路。企业认为复兴美加净，要追求差异化发展，强调回归本原，而其中的核心便是民族自信，同时要有明确的价值主张。老品牌并非等于老化了的品牌，对于复兴美加净这个上海老品牌，企业家信心十足。

在不懈努力下，1997年美加净又重新被评为上海市著名商标，并在1998年获得了"中国驰名商标"称号。2004年，上海家化化妆品全国销售额为22亿元，仅次于国际巨头宝洁和欧莱雅，其中高端品牌首次占到公司化妆品总销售额的六分之一。2005年春节后，上海家化携手全球奢侈品零售巨头丝芙兰，在上海开出"丝芙兰"高档化妆品专卖店。此举标志着我国本土企业的中国概念站在了世界化妆品市场的前沿……

美加净目前的产品线有洁面乳、爽肤水、面霜、防晒霜、润唇膏、沐浴露、润体乳、发乳、护手霜等。明星产品美加净银耳珍珠滋养霜历久弥新，持续热销；2010年推出的蜂蜜倍润滋养霜、翠竹密集保湿霜自上市以来，销量始终位列前三；美加净的手霜系列的领先优势无人可以撼动。

多年以来美加净一直坚持为那些认同天然成分、关爱自己、关爱家庭的女性们提供安全、无刺激、有良好使用肤感的产品，让她们获得超越期待的护肤体验。如今的美加净品牌已成为消费者心目中大众化护肤品的领导品牌，在全面满足消费者四季护理需求方面深受信任和青睐。

物换星移几度秋，昔日名牌黯光芒

对比美加净和其他同类世界知名品牌，我们也不难发现美加净发展中存在的问题。纵观欧莱雅的发展历程，其创立于1907年的法国，生产香水美容品2万多种，商标达500多个，公司拥有1500个科研单位，产品经销180多个国家和地区。高端产品由12个品牌构成，并且针对不同的年龄阶段。例如：第一品牌赫莲娜，面对的消费群体年龄偏高，并具有很强的消费能力。第二品牌兰蔻，消费者年龄比赫莲娜年轻一些，也具有相当的消费能力。第三品牌是碧欧泉，它面对的是一群有消费能力的年轻消费者，也是消费者进入高端化妆品的敲门砖，在高档的百货商场销售。中段产品主要是美发和活性健康化妆品，通过药房经销。大众产品是欧莱雅进入不同市场的关键部分。例如欧莱雅收购的中国品牌小护士，就是打开中国市场的关键。而美加净市场定位市场细分较少，只有面部护理系列和手部系列，缺少多元化的产品，产品定位在低端消费人群。

美加净的消费者主要是30岁以上的女性，价格适中，并且美加净强调产品的真、肌肤真美、家庭真情等品牌个性，致力于创造亲和力，以"纯天然"为主打。美加净在各大超市和百货商场都有销售，网上旗舰店的人气也比较高。

美加净主打的是大众产品，走的是亲民路线，很容易在三四线城市发展开来，所以三四城市是美加净整体销售的重要销售组成部分。而欧莱雅本身是以中高端产品进入中国市场的，但是要打开中国市场，覆盖市场，中低端产品的发展必不可少，这也是欧莱雅后来收购中国的小护士品牌的原因。

但是欧莱雅的目标消费者范围比美加净广，在不同年龄阶层以及不同消费水平上，欧莱雅都有对应的产品。不仅如此，欧莱雅应该是最成功地在人们头脑中冠以"男士护肤著名品牌"的集团，而美加净的产品大多使用者都是女性。

欧莱雅的产品多元化，并且有针对性。例如美发选巴黎欧莱雅，护肤产品选兰蔻等产品，彩妆有圣罗兰等品牌，香水有阿玛尼等品牌。虽然美加净的产品数量以及功能不如欧莱雅齐全，但是它将中国传统美容经典与现代生物科技进行了完美结合，温和的材料更加适合东方女性的肌肤。这是美加净与欧莱雅的不同以及优势所在。

从我国日用化妆品的大局分析，目前我国日用化妆品鱼龙混杂，国内没有哪一个日用化妆品牌可以做到独占鳌头，也没有哪一个品牌可以完全站稳脚跟，护肤品品牌随时都有可能面临着洗牌，所以此时正是美加净扩大市场占有率的绝佳时机。

综观美加净的发展，在我国300多个拥有100多万人口的城市，美加净进军的市场仅有100来个，因此美加净的市场占有率还有很大的上升空间。

现如今，互联网技术迅速发展，各大日化品牌早已不仅仅局限于线下的经销商代销以及商场超市柜台直销。美加净也紧跟时代步伐，线上线下相结合，在淘宝、京东都设有旗舰店，同时也在微信的小程序设有自营旗舰店。虽然销售渠道拓宽了，但是由于外部竞争激励和品牌形象老化等问题，美加净目前的销售额增长缓慢，市场份额低。

创建品牌成功的关键之一在于建立差异点。做到与同类产品的差异化营销，以及扩展拓展产品的利益点。2017年10月，美加净发布了时刻守护系列的护手霜就是最好的佐证。"时刻手护"系列护手霜共包含6款产品，针对诸如办公室、家务后、睡前和外出游玩等6大典型生活场景，针对不同场景下护手的需求和痛点，为用户提供了针对性的护手解决方案。"时刻手护"系列护手霜的正式发布，意味着护手已经正式步入了"分场景时代"。作为国内护手霜市场销量的常年冠军，美加净希望借此开创"分场景"护手的新潮流，倡导广大女性朋友应在日常生活中每时每刻都能精心呵护自己的双手。

当然，挖掘老品牌的相似之处，争取品牌间的互利共赢也是当今整合营销的一大趋势。中华老字号博览会暨中华老字号文化节上，冠生园与美加净联名推出了跨界新品——"大白兔奶糖味"润唇膏，霎时间被众多"带货达人"种草，在旗舰店一经发售就马上被一抢而空，出现了缺货断货的问题。可以说，推行这一跨界联合的营销举措是当今十分受追捧的营销趋势，也是美加净践行品牌年轻化的一条重要道路。

2018年，上海家化公司迎来了它的120周年，百年的历程，百年的艰难，发展之路总是那么坎坷，一路跌跌碰碰，如今，它终于迎来了自己的春天。旗下的美加净美容护肤品牌诞生于1962年，它的复苏之路也充满了困难，美加净有过自己的辉煌，只可惜风光没有持续太久便黯淡了。1990年，和上海家化的另一个品牌"露美"被美国庄臣公司合资，业绩却惨不忍睹；1994年，上海家化斥巨资赎回美加净后，徘徊了10年，错过占领市场的时机；2004年，美加净首次提出品牌复兴；2012年，再次重提品牌重塑计划。美加净跌宕起伏的身世，体现出老字号品牌的探索过程，这其中离不开的是企业领导人对品牌的管理经营的谋略。

上海家化原董事长葛文耀曾提及过："合资前后浪费的几年时间，正是宝洁和联合利华大举进攻中国市场的时候。其间最大的收获是学到了三件事情：一是品牌经理制度，二是毛利概念的运用，三是人才细分化。这些经验至今都在发挥作用。"这三个观念贯穿了葛文耀对美加净的经营理念和管理模式。

一是品牌经理制度，沿用国外的管理体制，即各品牌设立一个品牌经理，这样的好处是明确市场导向。每个品牌经理在自己的位置上有着独特的位置，公司以品牌为中心，配合市场的调研从而推出产品。实行该制度后，产品的定位变得清晰，巩固了品牌的发展，进而实现了销售额的增长。二是毛利概念的运用，葛文耀主张机会成本的思想。在经营方面，不要片面追求利益的最大化，应该加大科技的投入，应该注重人才的培养，更应该推出有高附加值的产品，而对于那些低毛利的产品应有所取舍，加强品牌效应。三是人才细分化，上海家化在激烈的市场竞争中认识到，人才是第一资本，只有依靠一流人才才能抢占市场最高点。坚持以人为本，聚集一流人才，成立自己专门的科研部，挑选有潜力的人才，帮助解决后顾之忧。另外，葛文耀常讲用一流的工作创一流的生活，在注重发展的同时，提高员工的收入，制定阶段性的目标让员工看到切实的利益，并且还制定了一系列激励政策，提高员工积极性。他还提出要依法治厂，落实廉政风范，做到三不看，贯彻正面的思想教育建设，建立一套健全的内部管理体制，通过一系列的规章制度稳固家化严格的风气。

制度的实行提高了人员的素质，工作效率的稳定、严格的风气建设、良好的精神风气等等，为家化带来了更多的利益，让品牌良好的稳固下来，从而在激烈的市场竞争中取得一席之地。

当然，我们不可否定的是一连串的管理制度让上海家化甚至美加净得到了迅猛的发展，但其中也存在着一点小瑕疵。例如品牌经理制度的实行，虽然一定程度上促进了美加净的辉煌，但也意味着每更换一个经理就要改变原来品牌定位，品牌要素不断地更迭。这让美加净陷入了模糊的定位，品牌形象受到了损害。直至今日，虽然说这个损害有所弥补，但由此带来的阴霾仍挥之不去，美加净失去了它昔日的辉煌，也是葛文耀心中一直以来的遗憾。

沉舟侧畔千帆过，病树前头万木春

为改变美加净当前踯躅不前的现状，我们认为，首先，美加净应维持低端护肤品品牌的市场定位不变。前期扩展品牌的内在文化，增加消费者的文化认同，赋予品牌除价格之外的其他诉求，提高美加净的品牌价值，之后在发展低端护肤品的主线之下适当扩展市场，以低端护肤品为主，中端护肤品为辅，借中端护肤品来提高品牌价值和赢得消费者的认可。

美加净作为本土的老字号企业，在激烈的化妆品市场竞争之中必须拿出属于自己的特色和内涵。只有具有独特的企业文化，或者赋予产品能够满足超出产品本身的利益点之外的其他诉求，才可以让企业独树一帜。

现今市场美加净的替代产品琳琅满目，要在同类产品中脱颖而出，不仅仅依靠产品的质量，更重要的是这一企业的品牌形象。作为老字号，美加净本身就有一种历史感和岁月感。结合这种独特的历史韵味，美加净首先可以将产品的包装设计融入中国元素，可以更好地吸引消费者的眼球，让消费者去尝试、了解美加净的产品。不仅如此，其特色的包装与同类产品有鲜明的不同之处，能够体现老字号的文化底蕴和价值追求。

其次，美加净应该通过投放广告，赋予品牌或者产品新的利益点。淘宝的用户大多数反馈美加净的产品保湿效果好，味道好闻，经典老牌子好用，价格还实惠。但也有少数人会觉得产品味道很劣质，产品过于油腻。还有一个问题是，大都是妈妈买了给小孩用，或者是小孩买了给妈妈用，年轻群体主动购买的不多。面对激烈的市场竞争，企业的产品既要满足消费者的基本诉求，同时还应该赋予超出产品本身的价值，如感情。情感的融入可以拓宽消费者的诉求，增加年轻的消费群体。感情的种类很多，如亲情、友情、爱情。美加净可以结合情感价值提升自己的品牌文化形象，产品价位不高，但是融入情感之后，该产品就会在市场上获得消费者的认可。正如哈根达斯"爱她就请她吃哈更达斯"的营销策略一样，美加净应该将感情融入产品之中。如果该企业产品能针对不同的消费群体生产出不同的具有特定感情内涵的产品，并且强化推广这一品牌形象，那么一定能得到消费者的认可。

再次，加大国内老字号品牌间的跨界合作，实现品牌间互利共赢，也是新时代下尤为重要的一点。国外化妆品占据了中国市场的大半江山，老字号的复兴就需要得到消费群体的认可。美加净和大白兔奶糖联合推出的"大白兔唇膏"就是跨界合作的典范，借着大白兔对于80后90后童年的记忆，该产品明确地定位了消费群体，在网上也得到了良好的口碑。此次合作对于美加净来说，无疑提供了一个很好的发展方向和思路。

最后，美加净应加大互联网时代下的品牌宣传。企业的官网作为企业的牌面和形象，对于一个企业至关重要，而美加净品牌官网最新动态更新于2015年10月，点击率只有273。企业在官网运营这方面应该与时俱进，及时更新官网动态以及产品信息，以建立良好的品牌形象，提供辨识度，满足消费者的消费需求。

春风十里扬州路，卷上珠帘总不如

作为当代大学生，我们不囿于书本、不困于课堂，我们随时关心着家国大事，了解着社会发展，探寻着历史变迁，体味着世间百态。这一次的"探寻上海制造老字号"的工作，我们一共花费了18天，翻阅了大量资料，探访了多家工厂，邂逅了"美加净"的前世今生。它诞生于1962年，20世纪80年代应该是它最为辉煌的时刻，"中国化妆品第一品牌"多么荣耀的称号啊，只是后来却被不小心弄丢了，我们见证了它的辉煌历史，也曾看过它的低谷。而如今，随着东方思潮的涌动、自我意识的觉醒，它再一次携带着东方的温柔内敛与清新灵动登上了世界的舞台。我们相信，凭借着美加净独有的那份慧质兰心，终有一日，它会重回巅峰。

我们看到了一个老字号品牌所坚持的匠心与情怀，而这份坚持，却是如今大部分人所缺失的，我们追逐着速度，渴望着终点，却往往在半途中放弃了所有。"美好生活"这个充满诗意的词汇从未像现在如此被强调，当"美好生活"与"需求""想法"

连缀在一起，就构成了这个社会动能不停的未来蓝图。

我们5位项目成员，在本次实践调研中，亦学到了很多。一方面，是实践能力的提升，我们不再简单满足于单纯的理论知识，不论是资料的搜集，还是市场的调查，抑或是实地的走访，我们都体会到了理论与实践完美结合的乐趣。另一方面，则是匠心精神的传承。美加净，一个已经发展了半个多世纪的上海老品牌，有着太多我们可学习之处，其独特的企业文化、丰富的产品理念、优秀的品牌精神会一直感染着我们，也许它也有不足，但没关系，我们一同成长。

能够认识、了解到这样一个优秀而内敛的品牌，我们何其有幸。

双　妹
——东情西韵，致美传奇

指导老师：周雪琪
项目成员：袁黄秀　俞心奕　顾智盈　顾艾婕

百年沉淀，膏香质优扬千里

"双妹"诞生于1898年，由上海家化前身——广生行创始人冯福田所创建。据悉，"双妹"名称的来历是冯先生从梦中得到的灵感：完美的女人是"DIA"和"JIA"气质融合一身的，如双生花一样。"DIA"是沪语中形容上海女子言谈举止的娇俏柔媚，是骨子里透出的女人味。"JIA"是沪语中描述女子聪明伶俐、果断干练，是上海这座城市独有的女性的精英气质。双妹品牌用"DIA"和"JIA"两个字，简练而生动地概括出上海女人独具的两种气质。

1903年，"双妹"品牌正式登陆上海，在塘山路成立上海发行所。1910年初，"双妹"聘请包括"月份牌画王"关蕙农、杭稚英和郑曼陀等月份牌名家为其绘制广告，其广告直到今天，仍受世界各地月份牌收藏者的青睐，成为中国月份牌的经典代表。1910年底，"双妹"入驻南京路475路，占据了当时最高端的时尚地标。

1915年，"双妹"旗下已经拥有众多美妆与香水产品，品类非常丰富、全面。同年，在参加农商部举办的全国商品展销会中，"双妹"牌雪花膏作为生活用品，以它过硬的产品质量和新颖、独特的产品包装，荣获展销会特等奖。1926年，广生行有限公司的"双妹"牌雪花膏，又在美国费城世博会上获得"化妆卫生用品"类产品的金质奖章。自此，广生行"双妹"牌产品在国内外都声名大震。1937年，"双妹"牌雪花膏因为产品精良、种类齐全、包装新颖、宣传得当而家喻户晓，并成为那个时代最时兴的化妆用品。"双妹"牌雪花膏也被确认为国货，魅力独领风华。

然而，在二十世纪四五十年代中国实行公私合营政策的大背景下，广生行体制发生变动，受到市场的影响，"双妹"品牌暂别上海，随着时代的交替，曾经的风采逐渐暗淡。

在中国改革开放30年、新中国成立60年的时代背景下，"双妹"品牌成功复兴。在2007年，曾一手缔造"双妹"品牌的上海家化，通过打造品牌故事、提高产品质量、融合文化创新等方式将"双妹"品牌复活，让人感受上海风情，带动品牌文化的发展。现如今，"双妹"品牌在120年漫长的历史进程中，不断创新与融合，打造独特的品牌文化，致力于成为中国第一个高端时尚跨界品牌。但自2010年开设线下直营店后，"双妹"品牌并未在这些年的光景里重生，而是在市场的"推搡"之下不知何去何从。

乱世佳人，何处逢生险难多

1080元的护肤霜、890元的香水、220元的香皂……这不是国外的顶尖奢侈品，而是"上海制造"的老品牌——双妹。作为上海本土出产并沉寂了半个世纪的品牌，上海家化决定以其百年的品牌文化和东方韵味作为该品牌的总路线；又因巴黎时尚界用"VIVE"（极致）盛赞"双妹"的完美，所以家化继续沿用"用最好的材料和工艺，做出最好的产品"的品牌理念。为了达到这个目标，"双妹"在产品开发中瞄准市场上零售价高出其两倍的高端国际大牌产品，成为中国首个本土奢侈品品牌。

为了培育复活新"双妹"，家化在每个细节上都很注意，比如"双妹"的英文名为"Shanghai Vive"，采用"上海制造"替代"中国创造"，打破国人以及欧洲消费者对于"中国制造"产品的壁垒感。在品牌上强调本土化的同时，"双妹"在产品形象设计和店面设计上邀请国际设计师操刀，紧跟国际潮流，并充分传达品牌中所具备的海派文化。在产品形象上，家化设计团队与橙果公司，设计全新logo并进行产品包装，其中粉嫩系列的礼盒套装设计以石库门套盒展现上海女人的海派韵味，在2015年夺得设计大奖。在柜台设计上，家化找到给LV设计专柜的法国著名设计师Centdegres为其精心打造店面形象。以田子坊店为例，店面将黑色、金属、花束等元素与正红色、粉红色的产品相互融合，在高级感中透露着"双妹"的小女人风情。此外，"双妹"的很多原材料和包装亦是全球采购，例如产品合作的玻璃瓶厂就是一个给高丝、资生堂代工的日本工厂。

在产品线的设定上，"双妹"与法国产品开发团队以现代科技融萃中西奢美工材，撷取上海名媛晨起时，独特的"沐、润、梳、描、怡、妍"6道扮姿美态,划分出"沐浴、护肤、洗护发、彩妆、香水、配饰"6大系列产品,与其他品牌做区分。"双妹"在复兴后上市的40余件产品,呈现出20世纪30年代整体上海风情的文艺,其中,曾在国际舞台获奖的"双妹牌雪花膏"被复刻为经典系列美颜产品——粉嫩膏。在配饰设计上,尤以丝巾产品别具一格,丝巾图案以上海女人的衣食住行为设计原型,沿袭上海文化。

"双妹"所代表的上海文化游离在东与西、经典与摩登之间。它是东方的与西方的、民族的与国际的、摩登的与经典的、传统的与时尚的、内敛的和开放的矛盾统一。品牌中兼有含蓄和奔放两种基因:含蓄是东方意态的传统表达,是骨子里的文化根基;而热烈和奔放,则来自对西方风潮的融合与独特感悟。

"双妹"源承于20世纪30年代上海名媛致美方略,在大都会女性的活色生香中,复苏东方精神,复刻彼时华光,又以现代高贵工材精心验配及雕琢,融入时间与智慧,蕴藏着上海魅力名媛的绮丽传奇。它于静谧优雅、不动声色中尽显摩登与奢华,彰显极具个性、融汇东西的女性风采,实为"国货之光"。

在2010年"双妹"复苏初期,该品牌确实具备一定的"复兴"实力,从2010年品牌专卖店在上海和平饭店开设第一家店铺开始,"双妹"得以稳步发展,终端品牌专卖店达到14家,其中12家为自营专卖店。一家专柜坐落在上海淮海路太平洋百货,另外一家则通过丝芙兰零售渠道面向消费者。但截至2018年10月,"双妹"品牌专卖店仅剩坐落于田子坊的专营店以及一家天猫旗舰店。曾经信心满满的"国货之光"何以快速陨落至此,与以下三个品牌进行差异化比较便可知原因。

"双妹"品牌于1898年成立,距今有120年的历史,同样具有百余年历史的日本品牌"资生堂"创办于1872年，距今有146年历史，并已经在国际上取得了不错的品牌影响力。"资生堂"最具历史意义的产品当属1897年开发研制的化妆水"红色蜜露"，在120年后的今天，依旧沿用原名，被称为"可让肌肤重生"的神水，可谓经久不衰。反观"双妹"品牌，曾在20世纪20年代被巴黎时尚界盛赞的"雪花膏"产品，并未在重生后沿用原名，而是更名为"嫩肤霜"，且未曾将这两款产品的历史与革新连接起来，直接割裂品牌与历史的脐带的同时，还失去了消费者的信任感和怀旧情怀。"双妹"与"资生堂"除了在历史上相似以外，对"美学"也都有极致的追求，但"双妹"之美有距离，"资生堂"之美在于陪伴。从"双妹"品牌复兴之时在产品形象设计和专柜设计的用心，可见其对美的极致理念，但我们在实地考察过程中发现，双妹的专柜是不允许人们拍照留念的，进店的客人无法将店内独特的装修布局与身边的好友分享，这种做法让美产生了距离感。反观以艺术塑造品牌的"资生堂"，创办了"资生堂艺术画廊"作为日本年轻艺术家们展示发布处女作的免费场所，创办《资生堂月报》《资生堂画报》《花椿》等刊物，既向消费者宣传新产品和化妆知识，也传播最新的时代流行趋势。"资生堂"之美不是居高临下地向消费者灌输所谓"理想之美"的理念，而站在消费者一旁"陪伴和协助"其创造"个性之美"，可见"资生堂"的高明之处。

将品牌定位为中国奢侈品的"双妹"在产品的定价上确实令不少消费者望而生畏，而同样以高端作为品牌定位的"雅诗兰黛"，却在不足70年的时间内饱受全球女性的推崇与信任。创办于1946年的"雅诗兰黛"也是因为一瓶"雪花膏"而闻名遐迩的，作为该品牌的初始产品，小棕瓶已进行过6次成分更新，不断提高产品与顾客肌肤的契合度。对于"雅诗兰黛雪花膏"的历史，"雅诗兰黛"在官网上特设品牌故事这一版块，让"Estee Stories"的命名与"护肤""彩妆""香氛"等7个板块共同组成官网的导航菜单，充分说明该品牌对品牌故事宣传和传播的重视和关注。品牌故事以与品牌利益相关人及相应行为作为出发点，紧密围绕品牌精神和理念目标展开叙述，最终通过生动、趣味、感人的表达方式唤起与消费者之间的共鸣。而曾经名噪一时的"双妹"品牌雪花膏，自2010年更名为"嫩肤霜"后，不曾更新过配方，难免让人质疑该品牌对自家的产品有些"过分自信"。再看"双妹"的官网，寥寥几行字的描述何以叙述这个经历过百年沉淀的中国品牌，又如何打动那些从未听闻过"双妹"品牌的消费者呢？

将眼光回归到"国货"品牌中，"双妹"是否是最成功的老字号化妆品？让我们看看诞生于1931年的"百雀羚"品牌。

"百雀羚"品牌距今已有九十余年的历史，同样是20世纪国内化妆品行业屈指可数的经典国产护肤品，其"百雀羚护肤香脂"是当时的"明星产品"。依靠老一辈口口相传的百雀羚在21世纪初还只是阿婆们的护肤产品，但该品牌并未因此故步自封，而是在2008年发布了全新的"草本精萃"系列作为产品支撑，2010年正式落地其全新定位——草本护肤，天然不刺激。自此以后，"百雀羚"邀请莫文蔚作为品牌代言人，与央视及地方电视台合作冠名电视节目，并于2013年3月被作为国礼之一送给坦桑尼亚妇女与发展基金会，"国货第一品牌"的标签从此被"百雀羚"收入囊中。其后，该品牌推出针对年轻消费者的"三生花"系列，并开拓专卖店渠道，开始进入微商渠道，在全国高校进行推广。经过5年多的时间，"百雀羚"于2015年第一次拿到了天猫双十一美妆类销售冠军，成功将"百雀羚"品牌推上了我国化妆品市场的领头羊位置。同是国货的"双妹"品牌，仍以传统的销售渠道为主，不同于其在产品包装设计上的用心，在渠道与宣传上并不出彩，没发过广告、没做过电视节目的冠名商、未曾与当前新兴的多媒体营销渠道进行合作，使得"双妹"品牌的营销依旧依赖于传统的口口相传的运营模式。不及时拓展适合于自己品牌和产品的其他销售渠道，这极大阻碍了这个本土老字号向外省市新市场的开拓，难以提升品牌在全国范围内的知名度，不利于销量实现突破。"双妹"如此长的培育期，不知最终是否能在市场上占有一定地位，要想成为享誉全球的中国高端时尚跨界品牌，"双妹"还有很长的一段路要走。

审时度势，百年品牌尚垂髫

据统计，1993年以来，国家有关部门确认了1600余家"中华老字号"。然而，商务部最新调查显示，在这1600家老字号中，只有160家处于盈利状态，而剩余的老字号正以每年5%的速度消失。自2012年以来，随着国际品牌以及韩国、日本、泰国的平价品牌逐一进入到国人的视野中，我国化妆品市场的多样性愈加凸显，其竞争激烈程度也不言而喻。以2016年数据为例，在护肤品市场占比前十的产品中仅有百雀羚跻身其中，极大数的市场份额为欧莱雅、雅诗兰黛品牌所占有，除此以外，中国的"丸美"在前二十的排名中占据一席之地。在彩妆市场，国货"卡姿兰"挤入前十，"玛丽黛佳"也具有一定的成长空间。可见，当前国内化妆品市场有诸多挑战等着这位中国化妆品届的老字号——双妹，根据资料查找和实地调研，我组对"双妹"提出以下几点建议：

重视品牌价值提升，更新品牌形象。双妹曾经风光一时，但被历史尘封已久，或许只有上了年纪的老人会觉得双妹是自己挚爱的品牌。所以对于目前双妹的目标客户而言，那些久远的品牌记忆并不存在，如何对目标客户有针对性地投放一直是一个问题。当前的"双妹"品牌在全国仅有位于田子坊的一家直营店，原位于和平饭店、浦东国际机场等高消费的店面已全部下线，我们来到田子坊中探寻"双妹"的直营店，作为一家本因盈利为先的化妆品店铺却置身田子坊的小街之中。"双妹"更像是一家国货化妆品历史博物馆，除了产品价格和包装设计具备中高端产品的水准，其销售地段、导购专业度难以与品牌定位相契合。因此"双妹"应重视品牌价值的提升，将品牌形象生动化，提高顾客对品牌的认可度和信任度，赢得更多市场潜在客户。

提高产品丰富性，迎合大众所需。打开双妹的产品一览，可以看见风格鲜明的红色调复古风产品包装，透露着海派韵味，让人回忆起其悠久的品牌历史。但护肤类的单一、彩妆方面的空缺以及对标志性产品雪花膏的传承中断，可能是"双妹"至今未能在国民心中留下印象的原因。另一方面，"双妹"产品自2010年问世后未曾对产品配方进行过调整与技术革新，使绝大多数的顾客在了解到它止步不前的一面后对产品的专业功效存疑。因而"双妹"可在已有商品的基础上，不断提高品牌技术革新，丰富各品类产品的丰富度。

扩大宣传力度，革新品牌营销渠道。"双妹"品牌在多媒体营销上所下的功夫远低于该品牌对产品包装设计的极致追求，可以说是鲜为人知是该品牌的重大阻碍。在我们实地采访的过程中，导购向我们解释"双妹"品牌的产品定位是"中国小众高端化妆品"，来店内消费的顾客主要为20世纪80年代的女性。但就当前我国消费者的消费架构来看，我国消费者在高端护肤品的选择上更倾向于具有高认可度、知名度的产品，而"双妹"这样一个"小众"的高端护肤品，即便性价比高于海蓝之谜等品牌产品，顾客还会认为花高价买国产护肤品具有较大的风险性。

因此，"双妹"应提高品牌营销渠道，提高品牌的影响力。双妹作为一个历史足足120年之久的老字号品牌若是与初入消费者眼球的网红商家合作，既能提高两者的知名度，又能将产品推向年轻一代的消费者群体，并且借助网络、电视等渠道，让老字号品牌的口碑在年轻人的口中传承下去。比如新式茶饮品牌喜茶与老上海本土国货百雀羚合作，推出"喜雀"礼盒，新旧交加，结合现代，致敬经典，触发别样的复古时尚。此外，据我们采访了解，"双妹"品牌对于在店内购买产品的顾客，会免费为消费者进行一套护理体验，用于和客户交流最佳的产品使用方式，但在外界的各项资料上，"双妹"这一人性化服务未曾被人提及，可见品牌对自己的优势服务认识尚有漏洞。

"双妹"作为一个国货老化妆品品牌，能够在新时代中，继续扩大自己的品牌影响力，并引领一种新国货化妆品定位方式，无疑值得其他国货品牌借鉴。但是，我们也要清醒地看到，"双妹"产品确实可以在资金运作下，邀请来国际知名设计师，让品牌更富时尚气质；人们也可以在诸如情感促动或追求小众或产品认可等目的下，选择"双妹"品牌。但对于"双妹"品牌本身，外在容易更改，而如何提升品牌价值，增加自身的品牌创新力，增加服务精神，赋予品牌更多的内涵，保持消费者的忠诚度，却不是一时半会能做到的。而这些因素，则在根本上决定了"双妹"到底可以走多远。

用心沉淀，双妹复兴路漫漫

我知晓双妹这个品牌是在高中，当时，我一个月的生活费都不够买一罐"双妹"招牌的粉嫩膏，因此，我对于双妹的印象仅仅停留在"国产奢侈品"上。

恰巧，这次的分组，让我有机会深入地了解这个有着悠久历史的品牌。双妹品牌在120年的发展进程中，有过高峰也有过低谷，在20世纪初，它是斩获很多奖项、声名远扬的国货，它的外包装也尽显上海风情。在20世纪中后期，它黯然退出市场。在21世纪初，通过打造品牌故事、提高产品性价比、融合文化创新等方式，双妹品牌重回大众视线。

双妹品牌的发展进程就犹如人生般富有戏剧性，尽管双妹品牌在上海目前仅有一家线下店铺，但它仍然是历经百年还屹立不倒的上海百年老字号，充分体现了"人生只有走出来的美丽，没有等出来的辉煌"的精神，通过自己的主观能动性，来改变品牌的命运。

我在走访过程中得知，双妹位于青浦、和平饭店、浦东嘉里城等地的专柜都已经关闭，仅剩田子坊一家。从耐心的店员处了解到，现在双妹的主要客户群体主要是70、80后，有一定收入的女士们，基本通过口口相传的形式推广。也有不少境内外游客会把它当伴手礼送人，礼盒包装上鲜明的旗袍美女与石库门是上海的特色元素。

当聊起国际知名品牌与双妹的差异对比时，店员的有一句话让我非常惊讶，"比起历史，顾客对于产品功效更加关注"，这似乎与双妹一直推广的方向不符。可见消费者真正想要的不是包装理念这些增光添彩的东西，而是实打实的产品配方、有满足需求的功效成分。

当前我国老字号的运营状况普遍因为难以将传统经营模式转变为当前市场模式而止步不前，甚至半路夭折。希望同样处于颓势的老字号品牌"双妹"可以拿出20世纪的"极致"态度，将优质的品牌继续传承下去，而不是任其陨落。

尽管已历经120多年，但在成为国际一流时尚奢侈品牌的路上，双妹还有很长的一段路要走。此次双妹之行，让我们品味到中国传统老字号品牌双妹的独特魅力，了解到它的历史过往，在寻访中品味历史故事，它的品牌形象、产品包装及店铺设计都由上海家化聘请专业团队精心设计，力求体现海派文化中风情万种的特质，并以这样的品牌形象抓住大众的心，将心比心、用心做事，是双妹匠人精神的完美诠释。所谓经商之道，唯用心尔。

医 药 类

雷 允 上

——允执其信，上品为宗

指导老师：符栋良

项目成员：裴 丹 李 铭 俞 杰 黄依蓓

百年吴药，盛久不衰

清雍正十二年（1734），在被誉为"鱼米之乡"的苏州，受底蕴深厚吴文化的影响，吴中医学迅速发展，自成门派，即吴门医派。吴门医派名医雷允上在苏州古城阊门边设立了雷允上诵芬堂老药铺，首次创立了集医药一体的雷允上药业，并以雷允上医名坐堂行医、配制方药。雷允上药业作为中国"三百年"老字号企业，在中国的中医药历史上具有举足轻重的地位。

素有"人间天堂"之称的苏州，山清水秀、人杰地灵，良好的内在条件，促就了辉煌灿烂的吴文化的形成。而吴门医派，便是吴文化的精华之一。其中，吴门医派创立了"温病学说"，成为中医药发展史上浓重显赫的一笔。

雷允上作为吴门医派的重要成员之一，也深受"温病学说"

的影响。清康熙五十四年（1715），他弃儒从医，将"温病学说"的理论与医学实践紧密结合，对中医药学中的丸、散、膏、丹做了深刻投入的研究。

清雍正十二年（1734），吴门医派名医雷允上在苏州古城阊门边设立了雷允上诵芬堂老药铺，首次创立了集医药一体的雷允上药业，并以雷允上医名坐堂行医、配制方药。当时雷允上药铺解决了病人们的众多疑难杂症，被赞誉医术高明、治病有方，使得"雷允上"的名声瞬间传遍了苏州的大街小巷。雷允上撰写的《金匮辨证》《要症方略》《经病方论》《丹丸方论》等典籍，也被广泛传颂学习。

清咸丰十年（1860），太平天国运动兴起，苏州受到重创，局势动荡，雷允上诵芬堂老药铺也受其影响。于是，雷氏一家将店铺迁至上海法租界兴圣街（今新北门永胜路），开设了"雷诵芬堂申号"药铺。太平军败退后，雷氏一家返回苏州，虽然在原址重新恢复开设了"诵芬堂"药铺，但依旧保留了上海的"雷诵芬堂申号"的药铺。由此形成了以苏州为总号、上海为分号的雷允上诵芬堂药铺局面。

1922年，雷允上发展成集百种医药品种、十余医药门派为一体的庞大中成药体系。因此，"南有雷允上，北有同仁堂"的说法也就油然而生。雷允上的商标"九芝图"成为我国最早的注册商标之一。

新中国成立后，雷允上、童涵春、蔡同德、胡庆余等上海中药"四大户"的制药工厂合并，后更名为上海中药制药一厂。至此，雷允上以中成药制造为核心业务，并将自己的制药业和售药业分离。1991年，上海雷允上制药厂成立，成功注册并开始使用"雷氏"商标。2000年，上海中药制药一、二、三厂及上海雷允上制药厂整合，成立了如今的上海雷允上药业公司，并沿用"雷氏"品牌。

原卫生部陈敏章部长专门为雷允上题词"名声如雷、允称上乘"。至此，雷允上药业凭借卓越的医药基础、求真务实的行医作风以及经久不衰的良好口碑，最终成为中国经典的"百年老字号"企业。

百年药业遇瓶颈，中医养生拓天地

提及雷允上药业，人们首先想到的便是其制作丸、丹、膏、散独家的秘籍。加上其严格的管理制度、地道的药材学区以及对祖传医法的严谨研究，雷允上在丹丸药品的制作上有相当高的造诣。如六神丸、诸葛行军散、八宝红灵丹、辟瘟丹、紫金锭、纯阳正气丸、小儿回春丹等各种丸丹，以其神效卓著，驰名海内。

项目成员们对其著名品牌，也是雷允上丹丸代表的六神丸进行深入研究调查。六神丸由六味中药材组成——珍珠粉、西牛黄、麝香、雄黄、蟾酥、冰片。六神丸属于耳鼻咽喉药，具有抑菌解毒、消炎镇痛退热等作用，用于治疗烂喉丹痧、喉风喉痛、单双乳蛾、痈疽发背、乳痈乳岩和其他无名肿毒，都很有疗效。看上去很简单的丹丸，却有着特别精细的制作方法，并且选用优质药材，保证了六神丸的药效和质量。因此，六神丸多次获奖，并在光绪年间就已经流传到日本、南洋等地。目前，六神丸的市场零售价格为14.4—16.0元。明显的药效和亲民的价格，深得广大群众的青睐。2011年，上海雷允上药业有限公司六神丸制作技艺被评为国家级非物质文化遗产，2016年，公司六神丸制作技艺传承人荣获上海医药系统企业唯一的首批"上海工匠"称号。

雷允上药业能有今天的规模与成就，离不开它对优秀医学传统的继承和与时俱进、不断创新的精神。

在对优秀传统非医药的继承上，雷允上始终坚持传统中医药和经典名方的传承与创新。现在的雷允上，凭借资深的中医药学基础，把中医药学拓展到健康养生的领域，推出了养生膏方、健康茶饮系列等保健产品。例如雷允上的养生黄酒、即食阿胶糕、无糖润喉糖、润肠茶、铁皮石斛参杞口服液等，都选用了优质的药材，让中医养生文化服务大众的日常生活。可以说，雷允上是吴门医派精髓的传承者，更是中医药文化的发扬复兴者。

与此同时，雷允上药业也不忘不断创新、与时俱进。进入了养生健康产业的雷允上药业，适时推出了雷允上健康品系列，将百年雷允上文化传承中挖掘的良方与现代制药业工艺技术结合。当前，雷允上现有健康养生产品按功能分有美容养颜、减肥降脂、月子保健、清凉祛火、养气补血，按品类分有参茸系列、阿胶系列、茶饮系列、孕婴系列、酒系列、膏方系列等。雷允上药业也投身于互联网经济时代，除去传统的商超、药店、保健品店、专柜，雷允上也积极发展电商平台，为药品的销售拓宽了新的渠道。

目前雷允上药业已经发展成为集工业、商业和连锁为一体的企业，旗下包括常熟雷允上制药有限公司、苏州雷允上商业有限公司和苏州雷允上国药连锁总店有限公司等。

谈及国内老字号药厂，除了雷允上，还有同仁堂、达仁堂、陈李济、胡庆余堂和云南大理白族制药厂。国外的知名百年药厂有辉瑞、强生、葛兰素史克、罗氏、雅培等。下面以我们熟知的北京同仁堂、强生分别与其对比。

北京同仁堂相对于雷允上而言，有着更悠久的历史和更广布的药铺，也因为其声势浩大与宣传成本的提高，导致其药品的市场价格也普遍高于雷允上药品的价格。因此，雷允上的产品具有一定的价格优势。

雷允上药业有自己的独立品牌和独立商标，自产药品上会印上"九芝图"作为标志。同仁堂的主打产品有六味地黄丸、乌鸡白凤丸等，但是这些名称只是这类医药品的通用名，并不是同仁堂的品牌专属名，因此同仁堂缺乏了品牌竞争力。

美国强生公司是世界最大的医疗公司，相对于雷允上而言，有着广阔的销售渠道，旗下产品在医药市场的占比很大。但是强生在中国主要依托在国内的合资子公司——西安杨森制药有限公司负责生产与销售，其虽是国内最大的合资制药企业，然而其主要致力于神经精神、胃肠病、生物等方面，与雷允上的主营业务方面基本不冲突，且由于研发、生产成本高昂，最终平摊到各药品上的价格很高，导致在相同类别产品上的性价比上，雷允上更具优势。

就国内医药市场而言，大多数消费群体本着"西医治标，中医治本"的观念，更倾向于使用中药，雷允上作为传统老字号中药品牌，更容易让国人接受，所以雷允上在国内药品接受度、有效性等方面较强生药业更理想。

通过上述细致的调查研究，我们发现，雷允上的核心竞争力在于：

（1）历史悠久，百年老店，有良好的信誉和口碑。

（2）受吴门医派的影响，自成体系，独特秘方，药效明显，且价格亲民。

（3）以完整严格的质量保证体系确保产品质量。

（4）南京中医药大学等多所医药院校的教学实习基地，被江苏省认定为高新技术企业，可以直接引进专业对口的人才，人才优势明显，研发力量有保证。

（5）雷允上拥有符合国家GMP规范的标准化中药生产体系。2016年，公司完成工业集中，生产车间全部搬入占地200余亩的奉浦现代化中成药生产基地。

但同时，与广大药业一样，雷允上药业也存在区域品牌的弊端。在大部分人的眼中，雷允上只是苏州的雷允上、上海的雷允上，而并不是全国的雷允上。距离江浙沪地区较远的地区对雷允上药业的认知还比较少，需要加强宣传，弘扬优秀药企。另外，加强品牌保护意识，提高品牌竞争力也是不可或缺的一部分。

用"以变应变"，答又一百年之问

雷允上药业作为有三百年历史的老字号企业，继承吴门医派，贯彻温病学说，弘扬中国中医药学的优良传统与精髓，为中医药学的发展做出了突出的贡献。它不仅研发了六神丸之类的良药，治愈了成百上千的疑难杂症，更将中医药学发展成为一门学问、一种文化，使中医药学贴近生活、引进养生，对服务社会群众，也做出了较大的社会贡献。

就扩大雷允上知名度及提升市场占有率，我们提出如下建议：

（1）集中资源，主研中医药产品，进一步形成雷允上产品优势，专攻中医，不断提升其在国内市场的产品竞争力。

（2）竞争海外市场，既然西药能被国人接受，自然中华之医学瑰宝也势必能被海外人士接受，海外市场不同于本土市场，需将进一步加强创新，从产品研发到宣传推广需要符合当地国情。

（3）加大宣传力度，好的产品配上合适的宣传，提升产品和品牌知名度，做好口碑的同时增加宣传费用，虽然会增加企业成本，但就长远性考虑，从突破市场份额的瓶颈来看，是必要的。

（4）提升产品研发人员的待遇，增大研发的资金投入。2016年，罗氏医药研发经费额度为100亿美金，而上海研发投入最多的医药公司为上海医药集团，投入资金为8亿人民币，这个差距是巨大的。雷允上若能加大这块投入，不断创新优秀药品，知名度和市场占有率也自然随之提升。

聚百草，泽万民，做中医药文化复兴者

起于一乡，兴于沪上，传至全国，载誉三百年，传承中华品质。通过深入调研，我们了解到了雷允上这个中华老字号的历史传承与品牌发展，感受到了国药传人的匠心精神与医德医风。

对于当代大学生而言，雷允上过去的辉煌我们不曾见到，但通过走访零售药店，我们看到了今日药堂中的繁忙景象。项目成员们通过信息搜查、走访零售门店、寻访药房人员等形式，深入了解到雷允上作为一家百年老字号是如何在日益激烈的市场竞争中创立独立品牌和独立商标，如何保持国药一贯的优良品质的。

雷允上吴门医派文化根基深厚，以"聚百草，泽万民"为使命，坚守上乘选材，始终坚持传统中医药和经典名方的传承与创新，研制出只属于雷允上的品牌产品，再凭借经久不衰的良好口碑及亲民的产品价格，得到了广大市民的认可。

行医济世，制药救人，制药是良心产业，医德医风是必备信念。雷允上以"做中医药文化的复兴者"为愿景，传承中华医药，坚守原则，坚持百年如一的不变信念，对于当代大学生来说也有现实的教育意义。作为当代大学生，我们应该学习这种对自己热爱的事情全心投入、坚守如一的匠人精神，并将其践行在自己未来的人生里。

蔡同德堂

——老桩新枝，大道至简

指导老师：符栋良

项目成员：李奇蔓　杨雅涵　朱静怡

同心同德创发展，鹿鹤寿星守初心

蔡同德堂始创于1882年，清光绪八年，最初发源于浙江宁波，后来宁波布商蔡嵋青见当时新上海滩发展形势大好，遂搬迁至上海，至此专心在上海发展，行医卖药。创建初始时，蔡嵋青在"大清光绪八年九月初八日申报附张"上刊登了蔡同德堂开业的广告，在当时报纸阅读量巨大的时代让广大群众知晓此事。不仅如此，他还在门前分发铜版雕制印成的"鹿鹤寿星"小广告，上面印有长颈仙鹤、小梅花鹿、大药葫芦和大红蟠桃，还有一位满面笑容的白发老寿星，名为"鹿鹤寿星"图，象征着给人们带来长寿安康。1932年10月，药店正式更名为蔡同德堂，"同德"取自《泰誓》："予有臣三千惟一心，予有乱臣十人，同心同德。"再加之创始人蔡鸿仪(字嵋青)之姓，就成了店名"蔡同德堂"。

蔡鸿仪专门聘请当时有名的画家吴道之重绘"鹿鹤寿星"图，悬挂在店堂正中。蔡氏后人蔡和霄申请核准注册的商标，也是这副"鹿鹤寿星"图，至今仍是蔡同德堂的注册商标之一。2000年，蔡同德堂在原有服务范围的基础上，增加了医药健康保健科普知识讲座，聘请主任级中医师结合时令变化为大家开讲通俗易懂的科普课程，同时传播了蔡同德堂的经营理念。2006年4月，商务部宣布在全国范围内实施"振兴老字号工程"，并计划用3年时间重新认定1000家"中华老字号"。2006年10月，商务部正式对外公示了首批"中华老字号"名单，在初步确定的434家"中华老字号"中，上海蔡同德堂入选。

蔡同德堂一直秉承选料精良、加工精细、用量准足的准则，受到顾客的热烈欢迎，"小商品、小生意、小病问讯、小料加工"的"四小"便民服务特色也成为顾客津津乐道的优点，从此以后蔡同德堂发展壮大，很快跻身为中药四大户。在众多中医药堂转型以机器代替人工的时代，蔡同德堂坚持人工抓药、人工煎膏，为顾客提供更精准的服务。中医老话"三分医、七分药"，而中药调剂又有"三分辨、七分量"之古训，因此，调剂称量在发挥药物治疗作用上极其重要。虽然耗时耗力，但是对传统的传承和坚守，是老字号的职责和使命。

近几年来，蔡同德堂也渐渐开始开设门诊服务，邀请知名的中医专家为大家坐诊，待医生开完药方，立即可以去柜台抓药，抓完药，还可以选择让其代煎或自己动手煎，已经形成了一套完整的就诊流程。而对于不便携带液体药包的顾客，蔡同德堂也为顾客提供将液体药包变成药粉、药丸的服务，使中医之药能与现代西医之药一般便于携带、小巧便利。蔡同德堂力求用优质的药材和热情的服务，让每一位顾客可以在这里开好方、配好药、煎好膏。

严谨精细做产品，与时俱进共创新

在同类品牌中，我们选择了北京同仁堂作为对象与蔡同德堂进行同类品牌差异比较。北京同仁堂是全国中药行业著名的老字号，创建于1669年（清康熙八年），自1723年开始供奉御药，历经八代皇帝188年。在300多年的风雨历程中，历代同仁堂人始终恪守"炮制虽繁必不敢省人工，品味虽贵必不敢减物力"的古训，树立"修合无人见，存心有天知"的自律意识，造就了制药过程中精益求精的严细精神，也遵循着北京同仁堂数百年的制药精华和特色：处方独特、选料上乘、工艺精湛、疗效显著，因此北京同仁堂享誉海内外，产品行销40多个国家和地区。

同仁堂和蔡同德堂不同之处在于虽然两者都继承了传统制药的模式，但同仁堂在继承传统制药特色的基础上，采用了现代的科学技术，不断研制开发更多的新药。近年来，我们可以看到同仁堂在科技创新上的不断探索和种种医药成果，同仁堂集团坚持"以现代中药为核心，发展生命健康产业，成为国际知名的现代中医药集团"的发展战略，以"做长、做强、做大"为方针，以创新引领跨越式发展，以科技兴企为己任，通过不断探索，形成了"两会两院两中心一站"的科技创新体系，即同仁堂科技质量管理委员会和同仁堂内部专家委员会、同仁堂研究院和同仁堂中医院、中药（复方）新药开发国家工程研究中心和集团公司检测中心、同仁堂博士后科研工作站，同时在科技创新这方面，同仁堂成立了同仁堂研究院，同仁堂研究院是集团公司的科技创新平台，由两个上市公司的研究所、一个国家工程中心和集团公司博士后科研工作站组成，主要负责为集团系统服务，开发高精尖产品，开展共性技术研究。随着同仁堂研究院科技创新体系的逐步完善，科技创新工作成果显著。近20年，同仁堂开发新产品679个，其中药品176个，保健食品92个，食品288个。而蔡同德堂在科技医药创新方面有些滞后，应紧跟实事，发展以科技制药，将中医药与现代科技相结合，在创新发展中医药市场方面，需要加强建设。最后一点是北京同仁堂在品牌文化这方面做得非常到位，不仅有北京同仁堂的官网，还有同仁堂集团报和同仁堂博物馆画册，有利于宣传同仁堂这个百年老字号品牌。

树立企业形象，打造国民品牌

提起老字号，都是满满历史的气息与浓浓的回忆。老字号，已经是中国发展历程中的一种见证与文化象征。老字号能经住时代变迁、文化变革，在岁月的洪流中能站住脚跟必有其独到价值，但随着社会日新月异的发展，老字号同样也面临着发展出路的难题与考验。我们根据蔡同德堂的现状和处境，展开了如何让蔡同德堂这个老字号品牌获得新生的讨论。经过认真讨论，我们一致认为其未来发展方向与道路应该基于以下几点开展：

首先，是增强产权意识，加速品牌升级。老字号，相对来说口碑已经有了积累，但是假冒伪劣商品层出不穷，商标注册也花样百变，产权归属相对也不明确。所以，蔡同德堂要加大对自身品牌的保护及产权商标的保护，坚守自己品牌的内涵，避免失去顾客的信任。

其次，是传播方式现代化。在进行蔡同德堂调研前期准备工作时，我们发现其网络信息相对来说较少，也没有自品牌的网站。老字号往往习惯于过往的话语体系，但是在新时代下，老字号需要以现代人熟悉的方式和消费者沟通，融入新的话语体系。据阿里研究院发布的2016年度中华老字号电商销售统计，全国商务部认证的"中华老字号"1128家企业，超过半数老字号已通过网络平台开始线上销售。可以看到在互联网的冲击下，老字号开始不断转型以适应新的挑战。老字号的"老"背后是历史的积淀、文化的烙印，但是如果只是停留"老"这单一层面，前进会越发困难，品牌也无法获得新生，缺乏竞争意识和方法，就难以应对竞争激烈的市场。所以要改变传统的方式，进行创新。在蔡同德堂，我们也看见其紧跟时代步伐的痕迹，进行了支付方式的更新，比如支持微信、支付宝支付等等。老字号最宝贵的财富就是消费者的记忆，将记忆重新挖掘，用创新营销的方式，与消费者产生关联，这就是老字号获得新生的秘密武器，因此品牌创新升级是非常必要的。蔡同德堂需要创新，意味着需要植入新思想、新概念、新产品。

最后，提升服务水平，提高员工素质。老字号产业基本延续过去快节奏的做事风格和态度，对顾客的热情和耐心不够，给顾客带来的体验感一般。在进行实地走访调研前，项目成员通过电话和蔡同德堂线下门店进行了初步的联系，对方表现的态度稍显不耐烦。在实地走访的过程中，虽然有优秀的工作人员和我们进行交流，比如抓药师李师傅、总服务台的工作人员，但也不可避免地感受到服务水平方面的不足。所以，提升服务水平，摒弃过去守旧的那一套，重视顾客体验感，对顾客更加耐心和热情，也是蔡同德堂发展需要完善的一方面。

走访线下门店，感悟中医奥秘

国庆节当天，项目成员们一同来到蔡同德堂位于南京东路450号的旗舰店进行实地走访调研。首先，映入眼帘的首先是一栋古韵十足的大楼，门口挂着"蔡同德堂中医门诊部""上海市基本医疗保险定点医疗保险"两块牌子，走进去，一股浓郁的中药味扑面而来。在入口处可以看到商城购物指南，一共有7层，分别是不同的营业范围。我们一层一层地进行了走访。

其中，令成员们印象最深的是在4楼遇见的抓药师——李师傅，李师傅在蔡同德堂已经工作30余年了。从刚开始的抓药助手到现在的抓药师，李师傅在不断内修自身的同时也见证了蔡同德堂的发展。当下社会对中医褒贬不一，李师傅告诉我们其中一个原因是有大量的病例难以证伪，数据支持不够。中医作为一门传统的经验学科，其价值是客观存在的，其疗效肯定也是存在的，但作为一门上千年历史的古老经验学科，中医其自身的局限性也是客观存在的。

他告诉我们蔡同德堂的中药部门接受来料加工切片、泛丸、研粉、代煎、定制补膏等便民服务，定制补膏是让很多人慕名而来的原因。很多消费者会先到6楼的中医门诊部进行面诊，然后根据自身身体情况定制一些调养、滋补的补膏。

李师傅同时也和我们分享了一些简单的中药知识，中药都是药，无论是不是药食同源，都不可以多吃。中药的特点之一就是量不同效果不同，最简单的例子就是枸杞，枸杞泡水喝清肝明目，如果你连着一个月喝，会失眠。适量地喝可以补肝肾阴，脸颊长痘的可以配着菊花一起喝。最后他告诉我们，中药是在中医理论下指导的用药，买药吃药一定要遵照医嘱。

　　在和李师傅进行深入交流后，小组成员们来到了总服务台，接待我们的是一位年轻的男医生，他来到蔡同德堂已经5年了，他说自己还需要多学习，也提到了蔡同德堂身为一家百年老字号的医药企业，在坚持现代中医学的基础上不断寻求创新，以适应发展。拒绝更新知识的行业是缺少生命力的，因为所有学科都在分化，这是一个大趋势，中医也不能例外，不追求一些特定不变的形式，而从追求解决问题的角度谋求发展，可能更好一些。他还贴心地为我们解释了现代中医学，是用中医方法分析各种医学资料，努力解除疾病。

　　"大道至简"是中医最玄妙的招数，也是生命最朴素的本质。蔡同德堂自1882年创始以来已有上百年的历史，一家企业能经住时代变迁，在时代洪流中能站稳脚跟必有其独到之处。通过本次实地调研，项目成员们深切认识到：消费者的记忆是老字号最珍贵的财产。要依靠将记忆重新挖掘，用创新的营销方式，与消费者产生更繁密的联系。品牌说到底是真诚，更是谦卑、无我和用心，然后才能与经营相生相长。"智者顺时而谋，愚者逆理而动"，在这个发展极其迅速的市场里，我们期待蔡同德堂未来有更好的发展。

九 和 堂

——妙手仁方，守正创新

指导老师：符栋良

项目成员：廖娅兰　冯伊旖　官志雨　张小涵

清末九和首创立，保质保量促发展

九和堂的品牌起源于三国时期赫赫有名、足智多谋的一代名相诸葛亮。"不为良相，便为良医"，这是诸葛亮家族的祖训，他的后代中大多数是救人济世的名医。相传清康熙年间，浙江兰溪作为贡品的药材，均是由诸葛后代开设的药铺提供的。到了清末，诸葛族人在全国经营的药铺有300余家，在诸葛本村就有葆仁堂、九和堂等6家药铺，当时就有"徽州人识宝，诸葛氏识草"之誉。由此可见"九和堂"名称，积淀了博大精深的中华医药历史与文化。"九和堂"中的"九"源自《周易》的"阳爻为九"，含有吉祥和至高无上的寓意。其意遵循古代"满招损，谦受益"的哲学思想，"和"字有调和、中和、和中益气、和气生财之意。调和为中医药行业的术语，是对人体健康高境界的追求。九和堂将"九"与"和"联用，旨在表达对顾客的良好祝愿，也将此作为其经营宗旨。

"九和堂"始创于1933年，是以独家经营广东药材、待客服务周到而闻名沪上的老字号名特商店。1958年成为上海市先进单位。20世纪60年代曾改名为"万年红草药店"。1969年与药厂共同研制治疗肝炎良药——垂盆草冲剂行销全国。改革开放后，九和堂恢复原名，并发展成为三个零售店、一个批发部，业务不断扩大，销售额年年增长，并兼营参茸、银耳、营养补品等。1993年，开拓东南亚和港澳地区国药市场，成为经国家卫生部核准进口的新加坡虎标万金油上海地区总经销商。1995年上海九和堂药业与广药集团旗下的广州中药一厂、潘高寿药业、陈李济药厂、奇星药厂、王老吉药业、敬修堂药业等6家企业共同投资成立了上海中药行业第一家股份公司——上海九和堂国药有限公司，成为"广药"在上海市场的独特窗口，在2003年取得了上海市食品药品监督管理局的GSP证书。2006年上海九和堂国药有限公司进一步改制为民营和国有（广药集团）混合制股份有限公司，经营方式为药品批发，药品经营范围涵盖中成药、化学药制剂、化学原料药、抗生素、生物制剂、参茸、保健品等，经营品种几千余种，年销售额过亿。公司下属药店十余家，现有员工中工商管理硕士、执业药师、主管药师、从业药师及中专以上药学及相关专业人员占75％以上。公司的硬件水准也成为行业楷模，仓库总面积2000余平方米，阴凉库面积800平方米、常温库800平方米，还拥有千分之一天平、澄明仪、标准比色液等现代化药品验收养护等专业设备。

上海九和堂国药有限公司注重信誉，保证质量。公司以依法经营，质量第一，人人参与，全程管理为方针，成立了由总经理挂帅的质量领导小组，严格按照"药品管理法"的要求，保证药品质量。各个部门均设专职质量员，从上到下形成了完善的质量管理网络。公司也配备了专用运输车辆，保证药品在24小时内送达需方指定地点（需要冷藏的药品保证在运输过程中采用冷藏车或冷藏设备），确保顾客的用药安全。

依靠广药集团的强大实力，经过70多年的经营，九和堂已发展成集药品批发、零售、参茸保健品经营为一体的综合性医药流通企业，更是国内名、特、优、新药品在上海的代理商和经销商。同时，九和堂也在不断努力寻求上海药品在全国的总经销和总代理，从而更好地架构起各地药品进入上海、上海药品辐射全国的双向桥梁。作为"广药"产品在上海的特色服务窗口，公司承诺只要是用户需要的广药产品，公司一定设法满足，并增设快递、邮寄等服务以方便用户取用。做好特色服务的同时，公司高度注重品牌建设，经努力，自1988年以来，连续7届被评为区文明单位，曾荣获上海市商业系统先进单位、文明单位，上海市物价计量信得过单位，上海市工商局重合同、守信用企业等殊荣。公司在2004年12月取得《药品经营许可证》，2003年底通过了上海市食品药品监督管理局的现场GSP认证。2006年1月再次通过了上海市食品药品监督管理局的现场GSP认证。于2006年至2011年连续三届蝉联"上海名牌"服务企业，并于2011年获得国家商务部颁发的"中华老字号"殊荣。

当然，九和堂的发展不仅限于此。公司积极参与研发生产各类保健类食品，与上海农业科学院合作开发"北冬虫夏草"系列产品，并于2008年获得了上海市民健康活动节"市民信得过的健康产品"的称号；与浙江塔牌绍兴酒有限公司合作生产北虫草黄酒、与江苏洋河酒厂股份有限公司合作生产北虫草白酒；与杭州双马生物工程有限公司投资开发红曲胶囊等产品，均已进入市场并积极进行全国招商。

上海九和堂国药有限公司践行先哲古训，依托公司落户在沪90年所积淀的社会知名度、丰富的市场资源，行销范围覆盖全市各级连锁药房等终端客户群，依托公司广泛而专业的医药科技力量，组建学术推广队伍，促进新药快速进入临床领域。

经营之道诚为先，取长补短方久恒

在与拥有近300年历史的中华首批老字号雷允上药业做对比的过程中，我们可以看出九和堂与雷允上之间的异同。

九和堂依托于其到2023已经90年的社会知名度及美誉度积淀，落户上海，加之市场资源丰富，终端营销能力强劲，并建有学术推广队伍，大大地促进了新药快速进入上海市医院临床领域的进程，紧密连接全市连锁药房等终端客户群。作为中华老字号的九和堂始终将健康和服务作为自己的企业宗旨。

九和堂内的产品分为两类，一类是九和堂产品，另一类是代理品种。九和堂产品分为保健系列、食材系列、滋润养颜系列和营养酒系列四种，代理品种则有中成药、西药、生物制品、医疗器材等。另外，由于上海九和堂国药有限公司是由上海九和堂药业和广药集团旗下的药业药厂共同投资成立，所以九和堂内"广药"产品种类很多。九和堂的产品性价比很高，且它涉及的病症范围很广，所以适合各个年龄段各个消费水平的人们。

九和堂的营销渠道除了固有的代理商批发模式外，还有大客户和电子商务两大营销渠道。在掌门人方亮的带领下，九和堂目前国内终端专卖店已达10余家，已初步建成渠道电商化、门店连锁化、产品多样化的终端营销网络。

九和堂是集药品批发、零售、参茸保健品经营为一体的综合性医药流通企业、而雷允上则是集工业、商业和连锁为一体的企业。九和堂主要是通过批发、代销其他企业的产品获得盈利，而雷允上则主要是经营中药，通过售卖自家生产药物获得盈利。

九和堂虽然也参加过药材的研发，但和具有深厚中药文化底蕴的雷允上比起来，九和堂对于药物的研发不能单独完成，需要借助药厂、科学院等具有相关知识的公司单位的力量。而雷允上却可以做到从研发到生产再到销售一系列的流程。此外，相对于雷允上所拥有的多个国家中药保护品种和独家产品而言，九和堂所拥有的少之又少。

与时俱进拓宽渠道，立足当下提升品牌

在对九和堂公司的调研了解中，我们发现该品牌的营销能力较强。现在医药电商稳健发展，但是九和堂现在并没有重视线上销售。我国老龄化趋势日益加深，慢性疾病患者众多，医药产品需求量大。数据表示，越来越多的消费者开始接受互联网购买医药和医疗器械，更多的医药企业进入互联网市场，整体推动是常规模增长。我们了解到现在几大线上购物平台，九和堂的产品种类极少，仅售卖红糖和茶类保健食品。由此，我们认为九和堂集团应该重视线上销售，扩大分销团队，将互联网更好地运用到企业的发展中。以下几点供参考：第一，利用互联网大数据精准营销。积极运用大数据的支持，依托地理位置，收集周边消费者的精准需求，根据市场需求准确的陈列药品，做到有的放矢。第二，利用互联网传播降低传统推广费用。善于利用微博、微信等

自媒体平台做店铺推广服务和促销活动。第三，积极与互联网医药平台合作。借助他们的优势，做自身的经营转型。

对于公司产品研发方面，我们建议九和堂重视中药产品的研发。十九大报告作出"坚持中西医并重，传承发展中医药事业"的重要部署，充分体现了以习近平同志为核心的党中央对中医药的高度重视。根据当下民众的身体现状，亚健康以及慢性病人群极多，九和堂可以加强研发预防以及调理型药品，向保健品方向发展。品牌可通过开展中医养生讲堂的方式提升品牌知名度，继续坚持发展健康服务方向业务。

从九和堂的集团整体发展考虑，以并购为主是个好办法。企业发展得再快也赶不上通过收购并购的方式增长。在市场的高速发展中，大药企更具有优势，通过自己的市场渠道与资金、研发实力，通过收购一些行业有优势的或细分的药企可以实现更好地补充自己的产品线，更好地占领市场份额。

悟商业文化，得实践真知

通过本次深入走访调查，我们深刻地感受到了古典与传承的气息。当我们走进九和堂药业的企业公司时，就被扑面而来的浓浓中药气味震撼了。时间就是积淀，历史就是品质。当每一位走进店内的消费者，询问销售员如何配药更适合自己的体质，或者想要对一些专门的药品进行购买咨询时，都是出于对九和堂距2023已90年历史之久品牌的信任，也同样是这家近百年老店的品牌吸引人之处。

项目成员们来到位于上海市静安区大统路的九和堂药业公司进行实地走访。工作人员向我们展示了九和堂药业曾经的门店以及现在的门店对比照片。现在的药店门口与大厅都有较多的现代气息，但店内的摆设、柱子、铺位、产品包装都能让人感受到百年老店的魅力，古韵与现代混合的装修风格给人一种感受：传承与发展。经过时间的推移，企业不断地铸就自己的品牌文化与品质，让人油然而生一种崇敬。在传承与发展的过程中，企业连接了现代生活，开创了九和堂养生足浴等利用中药的养生会馆，让人们对中药有更多的了解和使用，这也凸显了老字号长久的历史积淀后形成的特色和品牌影响力。人们出于对品牌的信任，会进入门店进行体验。企业员工也非常热情，他们每个人有都对中药非常深刻的认识和运用。我们在公司体验了一段时间，在咨询产品时，他们也告诉我们一些小众的中药知识，让我们对中药有了新的认识。经过时间的推移，品牌不断地适应消费者的需求，对客户从售前到售后都有非常到位的帮助与关照。从养生会馆，到煎药店、售药门店，再到公司门店，都形成了独具特色的老店文化，浓浓的现代化商业气息也是九和堂药业作为"老字号"的商业文化。

我们相信，从养生会馆开始，企业在吸引青少年消费者的进展中就非常顺利。这次调研让我们了解到了中药企业并不是只单针对特定的消费群体，九和堂药业也在不断的对疾病癌症等方面进行着药业突破。创新是永不衰竭的动力，只有不断打开新的产业链，方能立于行业不败之地。不论是九和堂药业宣布与别的老字号产业进行合作时（例如与日月昌集团战略合作，与王老吉、九芝堂等成功合作……），还是发展新业态，都是销售策略和文化策略。90年的积淀，九和堂已经成为批发、零售和医药一体的全流通链企业。作为当代大学生，我们看到了九和堂药业不断开发自主保健品，主动拓宽销售渠道，将现代批发与连锁零售一体化、搭建了电商平台以供消费者了解企业与产品，与"互联网+"联合，把保健、养生等理念送到了社区，走进了每位消费者的心中。

余 天 成 堂

——百年基业，初心如一

指导老师：王炯叶

项目成员：刘殷羽　夏云宇　王雨欢　陈　诚

历史长河滚滚来，传承创新立百年

　　余天成堂创始于1782年，位于上海市松江区。见证了风云变幻的历史，经历了各种药业变动，但坚持"道地药材、修制务精、货真价实、童叟无欺、名医坐堂、治病救人"24字古训的它从未离开过我们的视野，依然在中医领域中占有重要席位，成为上海市地区历史最早的现存老药号。创始人余游园是浙江宁波人，游园公以余氏为姓，以"天禄同寿、成德长生"为意，定店名为余天成。余天成堂先后传承了余游园、余全吉、余修初、余五卿和余鲁珍五代人，完善和坚持了"道地药材、修制务精、货真价实、童叟无欺、名医坐堂、治病救人"的24字经营宗旨。除了出售中药外，余天成堂还以"鹿鹤"为标记，将自制独特秘方的丸散膏丹供应于市，颇受市民喜爱。余氏家族经营长达121

年，余天成堂声播上海、苏杭一带。余氏第三代传人余修初被聘为胡庆余堂首任阿大，配合胡雪岩创下了江南药王伟业。

1903年，余鲁珍因挥霍无度、赌博负债，被迫将余天成堂盘给了姻亲邵佐宸。邵氏保持了余天成堂金字招牌，继承和发扬了24字经营宗旨，继续重金收集民间秘方，自己又潜心钻研，精制的中成药畅销上海和苏杭地区。

1931年，经过数代人的总结和积累，余天成堂将历代秘方校订成三大本《丸散全集》，可惜如今只能封存在档案馆中。还有一本《丸散膏丹全集》，其中记载了许多中成药的秘方、配方和制作工艺，是余天成堂前辈们的心血。

1937年，余天成堂被日机炸为灰烬，邵家遂在市区延安东路开设"余天成堂分号"。1939年邵家在原址搭建两层简屋复业。1946年翻建成三层，总面积达420平方米。开业之日，结扎彩牌，搭台唱戏，当众宰杀梅花鹿，各类药品减价酬宾，盛况空前。

新中国成立后1956年公私合营，余天成堂增设新药业务。20世纪80年代初，余天成堂恢复了名医坐堂门诊业务。1992年被命名为"中华老字号"。至今，这家百年老店，以"质量第一、顾客至上、以德经商、诚信立业"的经营方针，赢得了市民的信赖。由于余天成堂心中有病人，处处为病家，信誉日增，深得民心，由此余天成堂生意红火起来。

下属上海余天成药业连锁有限公司目前拥有以"中华老字号"余天成堂药号为核心的86家连锁药店遍布松江区，其中40家开通了医保定点窗口，方便市民选购药品。门店所售商品由公司配送中心统一配送，由计算机网络实现了自动化管理，每一件商品均有完整的可追溯链。公司还制定了行业首个药品连锁经营服务标准，实现了经营管理的规范化。

待人诚信将致远，立业创新续新篇

传承创新、诚信致远、共铸品牌、再续新篇，简短的16个字，是陪伴余天成堂走过百年历史的企业家精神。

成员们通过和相关管理人员的深入交流，了解到正是因为有了诚信作为余天成药业领导者的精神指引，这一百年老字号才得以延续发展至今，并备受消费者信任与好评。众所周知，从古至今，诚信二字影响了无数企业的兴衰成败。余天成药业从1782年创立至今，历任领导者都坚守诚信之门，把诚信作为第一准则，真诚对待每一位消费者，保证所有消费者的用药都货真价实，赢得了消费者们的信赖和支持，为余天成药业的不断发展奠定了坚实的基础。

余天成药业从创立到发展至今不是一个简单的过程，而是不断经过时间的沉淀、岁月的检验，不断发展和提升自己，一步一个脚印，成长为现在的样子。1782年创立初期，余天成堂同每一家新立企业一样名不见经传，余天成堂也是凭借着脚踏实地、认真负责的态度，慢慢地走进了大家的内心，赢得了大家的支持。没有名声大噪的过往，只有漫长年华的积累，余天成堂就这样一步一个脚印地走到今日，所有的工作人员也用他们踏实周到的服务回馈着每一位消费者，不断赢得消费者们的信赖和支持。

在制药、配药和购药的环节上，余天成堂坚持对每一味药材的敬畏。在销售环节，坚守敬畏心。余天成堂历任领导者都怀揣着这样一颗敬畏之心，艰苦卓绝，铸就了如今的百年老字号。因此，余天成堂不但连续八届被评为上海市文明单位，还先后荣获"守合同重信用"的企业称号。

作为涉及基础民生的药商企业，余天成堂不仅积极承担对消费者的高质量药品供应责任，还义无反顾地担负起对社会乃至家国的重要责任，服务市民、回报社会。在百年传承发展的历程中，品牌关心民众健康，更积极关心国计民生，坚守药材地道、货真价实、服务周到的经营理念，为全社会众多企业做出重要表率。

余天成药业自1782年创立至今已有200多年的发展历史，倘若一成不变，没有创新作为驱动力，余天成药业肯定也会像其他的一些企业那样被淘汰，和过往的时代一同逝去。余天成药业一路走来，不断地充实发展着自己，不断地创新，使自己更好地适应时代发展的需要，更好地满足消费者们的需求；不断使自己的服务更加人性化，令广大的消费者从中感受温暖与关怀。

彼得·F·德鲁克认为："所谓公司的核心竞争力，就是指能做别人根本不能做的事，能在逆境中求得生存和发展，能将市场、客户的价值与制造商、供应商融为一体的特殊能力。"可见，企业核心竞争力从某种意义上讲，是企业家精神的体现，它折射出的正是企业的创造与冒险，也是企业的合作与进取。企业家精神对企业核心竞争力的巨大作用在一些具有远见卓识和非凡的魄力与能力的企业家那里得到集中体现。

企业家是经济活动的重要主体，也是改革创新的重要力量。营造企业家健康成长环境，弘扬优秀企业家精神，更好地发挥企业家作用，对深化供给侧结构性改革、激发市场活力、实现经济社会持续健康发展具有重要意义。诚信、踏实、敬畏、责任、创新不仅应在余天成药业传承发展，更应熔铸于每家中华老字号企业的领导精神理念之中。唯有如此，老字号才有立业的坚实根基，从而得以在后续的市场经济发展竞争中生生不息，走出国门、走向世界。

积信誉，累声名，定未来

余天成堂中医药属"传统医药"项目，其特色是名中医和名中成药。经200多年的传承，现在余天成堂有14位名中医坐堂，其24字的办店方针始终被经营者所坚持。为造福人类，余天成堂以申报上海市非物质文化遗产项目为契机，借政策的扶持和政府的支持，找准中医发展的"发力点"，不断提高中医医疗技术，形成国内颇具影响力的专科特色，同时开发能治疗现代市民常见疾病的中成药。

余天成堂初创时已具规模，设刀、料、货房和饮片、参茸部，药材批发已达川沙、奉贤、金山、青浦、平湖各处。同时，余天成堂还一直秉持着"道地药材、修制务精、货真价实、童叟无欺、名医坐堂、治病救人"的宗旨，再加上今日的余天成人，不断地推出各种举措来服务人民，24小时送药上门，周末的导购服务，专家门诊，代客煎中药，各种药学咨询，医、配、煎一条龙服务。2008年，余天成堂实现销售7226万元，成为市郊医药零售规模最大、销售额最高的药店。2009年6月，余天成堂中药文化被市政府列为非物质文化遗产保护项目。

从古至今积累的信誉、声誉奠定了余天成堂在上海人心中的地位，这令我们不禁想到，在中医行业里可以和它媲美的或许只有北京同仁堂了。从根本来讲，同仁堂总部位于中国首都北京，发展资源各方面好过余天成堂，并且余天成堂并没有很好地利用自己坐落于上海的优势发展对外贸易，而是依旧盯准国内市场放弃了国外市场，反之同仁堂早在1997年就有8条主要生产线通过澳大利亚GMP认证，为同仁堂产品进一步走向世界奠定了基础。从服务的角度来讲，余天成堂不输同仁堂，比如：为了让消费者吃到放心药，所有商品都必须由公司统一配送，建立了完善的质量、计量、物价三级监控网络，规范经营运作。

在如今的养生社会中，人们对身体的要求越来越高，同时对饮食的要求也逐渐提高，市面上出现了越来越多的绿色食品。我们认为余天成堂可以借鉴其他制衣厂类的工厂实行前店后厂的模式，自己来种中药。实现这样的模式后首先不会受供求关系导致中药的价格大幅波动的影响，其次也可以保证药品的质量，可以保证消费者内心的安全感，这种模式虽然投入会比较大，但它的效益是长远的。

学中药文化，承工匠精神：调研感悟

在强调"中国文化走出去"的当今，中药受到越来越广泛的关注，而百年老字号余天成堂就是其中优秀的代表品牌。在对其筚路蓝缕的创业过程进行调研过后，项目成员们对余天成堂历百余年春秋，逢机遇，迎挑战，潮起潮落，充满着传奇和艰辛的历史及其"质量第一、顾客至上、以德经商、诚信立业"这一难能可贵的企业文化而感悟良多。

现如今的余天成堂传统中药文化已经被市政府列为上海市非物质文化遗产，但我们认为，好的事物不仅要一味保护起来，更要让它发扬光大，感染更多的人，也许只有这样，"无良药店""天价药物"的新闻才能真正远离我们的视野。余天成堂在历史的长河中前行了200余年，时而沉寂，时而奔腾，时而低沉，时而高昂。历史的长河奔腾不息，相信这一已纵跨两个多世纪的老字号，必定会因"以德经商"这一难能可贵的企业文化在历史的长河中不断前行，更加辉煌。

我们在余天成堂药号留下了足迹，我们也知道在未来会有更多的人走进其中，希望这样的精神能够世世代代传递下去！

机　械　类

凤凰牌自行车

——凤凰涅槃，还看今朝

指导老师：吴培培

项目成员：范佳乐　季夏锦　郑　盈　韩　征

百年凤凰，百年历程

清光绪二十三年，即公元1897年，我国最早的车行——同昌车行诞生。

1956年1月20日，同昌车行转入自行车工业系统，创建了新中国自行车第一品牌——凤凰牌自行车；20世纪60年代中期凤凰牌自行车大量生产、上市。

1980年9月14日，凤凰牌自行车首次进入欧洲市场，凤凰成为中国第一个进入欧美市场的中国自行车品牌。现凤凰海外区域代理遍布东南亚、中近东、非洲、中南美国家及各州，连续多年畅销国外，凤凰自行车更被评为-"上海市出口名牌"。

1985年，上海凤凰成立中国第一支骑行队伍，积极推广骑行运动文化。

2013年，"爱凤族"成立，"爱凤族"爱生活、爱骑行、爱凤凰，崇尚低碳生活、号召绿色骑行。

1965年始，凤凰牌自行车在全国自行车行业质量评比中，七次荣获第一名。

1995年起，连续16年被评为"上海名牌产品"。

2006年，凤凰自行车被评为"中国名牌"产品称号；同年被商务部认定为"中华老字号"和"最具市场竞争力品牌"。

2007年，连续5年被评为"上海市出口名牌"。

2011年，凤凰被上海市工商行政管理局认定为"上海市著名商标"。

2010年，凤凰引入民营资本，进行体制改革。建成集自行车、电动车、童车以及轮椅车等产品生产研发销售为一体的大型两轮车制造企业；并在上海、天津及江苏三地建立生产制造基地。

2013年，凤凰提出"新一代选择"发展战略，创建以"休闲、健康、时尚"为核心的产品理念；推进以专卖店、店中店和专柜为核心载体的终端经营模式；构建平面媒介、视频媒介和网络媒介三维一体的品牌推广阵营，积极推广凤凰品牌新文化、新内涵。

2015年上海展，凤凰提出"乐享骑行，智在其中"的主题概念，凤凰研发的智能自行车首次在展会上亮相，标志着凤凰在智能领域的开拓，凤凰开启智能时代，这是凤凰史上的又一个里程碑。

纵观企业的发展历程，不断的突破正是凤凰自行车创造延续120年传奇的关键。

匠心流转，初心不变

上海凤凰自行车在一代又一代的传承中铸就了辉煌。凤凰人坚守精益求精、一丝不苟、精雕细琢、持久坚韧的匠人精神的同时，更坚持向科技创新发展的方向上靠拢。在智能产品创新和多种新型材料研发等方面，凤凰始终走在行业前列。依靠工匠精神和技术进步，上海凤凰研发的产品分别在2015年和2016年，获得了中华老字号产品金奖及中国首届轻工产品设计大赛金奖，无愧于行业翘楚、老字号的地位。

这个品牌正是因为不断突破才得以流转百年。如上海凤凰自行车的广告语"一路相随、一生相伴"，它的的确确一直在践行着这一点，上海凤凰自行车始终以复兴中国自行车文化为己任，以引领中国自行车市场重回"自行车王国"的巅峰为己责，不断提升技术，以更好的产品为表率。未来，中国自行车行业必将在民族品牌全球化战略、互联网智能技术应用、环保科技新材料推广等方面重新定义中国作为"自行车王国"的21世纪全球新概念。

本文所述品牌于120年间在创新中不断突破自我，并集战略化于一体。随着社会演变和生活水平的提高，自行车作为曾经人们不可或缺的交通工具正在逐渐淡出我们的视线，虽然以共享单车为标志的共享经济时代的到来再一次唤起人们对自行车的关注，但对于传统的自行车企业来说，这是一把双刃剑。如何在共享时代下取得发展，考验着老字号企业的智慧。而凤凰牌自行车无疑是交上了一份完美的答卷，即变则兴，不变则衰。

就目前凤凰牌自行车的发展状况而言，凤凰自行车企业目前处于中高速的增长状态，所以公司竞争战略的选择要随着公司本身的内部环境和当前快速变化的市场条件所决定，战略的选择也要随着内部外部环境的变化而做出不断地调整与改变。凤凰自行车的目标客户群广泛，20世纪80年代，凤凰牌自行车曾作为传统"三大件"之一风靡全国，并为中老年消费群体所推崇。目前推出的FNIX高端运动车，也深受年轻人的欢迎。由于上海凤凰长期坚持的国际市场品牌经营战略，将凤凰品牌从过去的主销中东及非洲，发展到东南亚、南北美洲、欧洲、大洋洲及非洲、中东等地区80多个国家。无论从消费人群广度还是从产品销售范围来看，凤凰自行车都具有强大的市场生命力，这些日积月累的消费者信赖使凤凰产品在百年未有之大变局下站稳了前进的脚步。

凤凰自行车的竞争战略并不仅限于此，其研发产品的多样性更是打开了新局面。除普通骑行自行车以外，还有转向以休闲运动为主的山地车、城市休闲车、公路车、折叠车、童车等，种类广泛。2016年，上海凤凰与ofo达成战略合作，进行定制开发，成为国内首个进军海外共享单车市场的制造企业。上海凤凰运用新科技、新技术、新材料，瞄准时代需求，针对潜在客户，巧妙结合互联网线上支付技术，制造出新一代自行车产品。首批由上海凤凰定制的ofo单车共2万辆，分别投放于硅谷的Google、Facebook等园区，也包含英国伦敦等欧洲地区，并以之为试点，展开充分市场调查，观望项目前景，调整战略，更新产品。2017年，是上海凤凰开拓海外市场、深入参与共享单车全球化发展的元年。由上海凤凰生产制造的全球首款采用变速系统的共享单车——ofo新一代变速自行车在新加坡发布并投放。生产基地的扩建、研发中心和检测中心的建立，都是凤凰自行车制胜共享经济的决心！但目前凤凰自行车公司发展依然面临的困境有宏观经济发展不景气、业内竞争压力大等问题。凤凰牌自行车自发展以来一直坚持走科技创新的发展道路，且其企业本身就具有浓厚的品牌文化，走品牌经营之路。综上，凤凰牌自行车的发展战略仍然要走以坚持经营品牌、培育品牌的战略。

公司自决定坚持经营品牌、培育品牌的战略，便对传统代步工具进行了重新定位，将自行车从代步通勤向休闲、运动、竞技体育方向发展。同时公司坚持科技创新发展，在智能互联网产品和新材料应用研发方面，走在了行业前列。随着以共享单车为标志的共享经济时代的到来，对于传统自行车行业来说，这既是机遇又是挑战。共享单车的到来使自行车又成为了这个时代的热点话题，如能抓住这一时机，结合自身特点，打着绿色、低碳的旗号占领共享经济市场，不失为一次涅槃。但同时共享经济的热潮意味着市场和消费者对于自用自行车的需求在降低，使得传统自行车企业的生存空间被进一步压缩，自行车企业的未来发展乌云笼罩。凤凰牌自行车作为一个传承了长达百年之久的民族企业，在新兴经济时代下如何谋求新出路呢？

从过去经典国民自行车二八大杠，到如今以休闲、健康、时尚为代表的FNIX高端竞技自行车和中国凤凰城市休闲车，上海凤凰自行车正在通过自身的改变对传统自行车品牌进行全新诠释，确立了聚焦自行车以及相关产业的目标，始终致力于引领大众绿色骑行，引领健康、时尚的品质生活。上海凤凰如今已形成集自行车、童车、电动车、医疗器械等产品生产研发销售为一体的集团企业；在产业结构、产品结构和市场结构方面深化调整，走出了一条依托品牌经营、产业两头延伸的国际化发展道路。不仅如此，凤凰自行车还推行凤凰出行概念。儿童方面不单独叫做童车而叫作儿童车业。如果来归纳的话我们可以说凤凰出行，儿童车业和凤凰医疗。创新发展，研发绿色、低碳、环保的产品，积极打造生态和谐的人居环境，引领中国制造再次飞跃。显然，不断丰富产品，精准定位需求，找准市场定位，把握时代机遇，紧跟政策步伐，打响品牌口号，种种竞争战略使凤凰迎合了新兴市场。

传承——说好凤凰故事

对于大多数的老一代人尤其是二十世纪六七十年代的上海人来说，拥有一辆"二八大杠"是梦寐以求的事。作为旧日的"三大件"之一，凤凰自行车在许多人的心目中有着举足轻重的地位。凤凰牌自行车对于中老年群体而言，不仅仅是一种商品或是简单的交通工具，而是蕴含着美好回忆的载体。正像很多受访者所谈到的，凤凰自行车就是可靠、品质的代名词。而凤凰企业正抓住这一特点，打响品牌文化，通过建立国内唯一的自行车企业展馆展示品牌故事，推出复古外观，全新材料，优化结构的"中国凤"系列自行车述说独特的品牌故事。

创新——以变求新，老树新花

创新是企业生命力的源泉，在共享经济的新时代更是如此。共享经济这一新模式的到来，在不经意间又使自行车这一逐渐淡出人们视线的交通工具再次成为热点。但对于传统的自行车企业而言，共享的理念、更低的出行成本、更便捷的使用体验等等共享单车的优势在唤起人们对自行车的关注之余也为它们蒙上了一层阴影。而凤凰自行车通过自我创新在这个新兴的经济环境下交出了一份令人满意的答卷。相关统计显示，在2017年3月中旬全国共享单车投放量将近400万辆左右，而凤凰自行车瞬间接下了500万辆的订单。传统自行车的凛冬过去了，美好的春天来了。这一批自行车主要会投放在北京、上海以及周边的地区，并且所有自行车贴商标"凤凰"牌，另外凤凰自行车还会根据全球其他国家用户需求和生产标准定制生产，并且贴上"凤凰"商标。这正表明凤凰企业借助自身超过百年的历史所积淀的雄厚技术及经验，从源头便开始与共享单车与企业合作，如凤凰自行车向ofo提供车辆结构和材料的设计方案，参与共享单车的各个环节。同时凤凰自行车还注意到国内共享单车存在样式单一的问题，在借鉴自身在为国外客户提供产品过程中不同城市拥有适应于本城市路况的单车样式经验，自主设计了多款共享单车。借助共享单车的东风，凤凰自行车正在进行新一轮的布局。

同时，凤凰自行车也清晰地意识到共享单车的兴起对于企业整体产品的影响而言，目前仅限于城市通勤车这一品类。对于拥有全品类产品线的凤凰而言，被挤占的空间并没有想象中的那么大。近年来，凤凰着力于为自己的自行车产品注入科技元素，以提高用户的舒适度和出行的便捷性为着眼点，推出了一系列富有代表性的新产品，如"酷飞"系列电助力山地自行车，打破传统自行车与电动车的界限，装配锂电池电机，可以在纯人力和电助力两种模式间轻松切换。该技术既解决了复杂路况下的骑行问题，又比电动车更为安全、环保；"智悦"系列全智能可视自行车，搭载具有骑行记录、短信来电提醒、防盗倾倒提醒、骑行社交等功能的智能组件，让单车蜕变为智能的衍生物，在上班族内颇为风靡；"中国风"系列新材料自行车，采用钛合金车架，更轻便、更安全，用皮带轮替代金属链条，更耐久也避免了容易脱落的烦恼。凤凰自行车正利用自己的科研能力，从用户的骑行感受出发，研发创新产品，给用户带来全新的骑行体验。

发展——两头战略，兼容并举

凤凰自行车通过创建国内首支骑行队伍，打造"爱凤族"俱乐部，赋予自行车更多文化价值，推广骑行文化，以参与或赞助国内外自行车赛事和新媒体宣传等方式进一步扩大企业的品牌影响力。进入新时代之后，凤凰自行车一直在做一些改革创新的事情，比如和太平鸟女装合作，推出了凤凰系列的针织衫、T恤、长袖、皮裙、鞋子等，同时也在做一些新的方面和外界合作的新尝试，比如平衡车的开发创新。

凤凰自行车在2017年和2018年和凤凰卫视合作拍摄了凤凰120周年纪录片。上海旅游节开幕的第一个节目便是凤凰的产品展示，此次上台展示了15辆车。凤凰自行车和上海市旅游局深入合作，上海旅游节期间联合其他的政府平台，协会共同举办了中华老字号文化节、上海市集邮节，有非常好的反响，超过100万点击量，集邮节在淘宝和百度的词条上有10多万的搜索量。这些都是凤凰品牌推广的新方式的新成果，同时也不断在尝试新的推广方式。一是首先从产品变革开始，先将产品的丰富品类作为特征点作为宣传点。通过一系列积极尝试，凤凰牌自行车以"凤凰模式"给出了令人惊艳的答卷，也给其他老字号企业在新时代的发展提供了借鉴。

风雨之中焕新生

凤凰自行车品牌能够"涅槃"的原因：一为忘记过去，正视存在价值；二为顺势而为，才能有所作为，即把握共享单车的发展机会；三为创新产品和培育创新文化；四为思考新的精神文化内涵的注入；五为考虑产品定位，向中高端靠拢。

（一）完善公司治理

积极引入高管人员，建立有效的组织结构，理顺股权关系。以组织机构的稳定性过渡或稳定性存在为前提，稳定现时的经营生产管理活动，设置具有一定时期的稳定性组织机构，以此将旧的机构平稳过渡到新的机构，适应凤凰自行车企业自身发展需要和管理科学的基本要求。请合适的人员或机构来优化调整，最大限度发挥现有人才的作用。在现有基础上改进不协调的组织关系，预防和避免今后可能存在的摩擦关系，优化的表现结果应该是部门职能清晰、权责到位，能够进行评价和考核，部门间的管理联系、工作程序协调，公司的管理制度能有效实施。

（二）降低供应商和客户的集中度

公司应该扩大产品的销售区域，对现有的市场进行深入的细分和继续完善网络营销的方式，让辐射全国的营销网络来分散客户，从而减少客户的集中度。逐步退出低端产品，加快中高端市场升级转型的步伐，逐步扩大休闲、运动、专业等细分领域市场，继续推进FNIX旗下"中国凤"城市休闲车系列及高端专业运动车系列。吸引更多年轻的客户群，严格控制产品的质量，防止低质量的产品流入市场。随着自行车代步载物的功能逐步被电动车等新兴交通工具所替代，自行车户外休闲、运动健身的功能被人们重新认识，有助于吸引更多年轻的消费人群。

（三）支持线下渠道

大力支持线上和线下同时发展。对实体车店的分成和补贴要合理；而线下实体店不能只负责试车体验、安装调试等售后的工作，还应该将车友俱乐部及车队的建立、主题活动和比赛的组织、以及骑行文化的传播工作作为未来重点，有序地开展下去。围绕品牌建设工作，公司以建设线下品牌终端网络、品牌形象展示、打造自媒体平台、推广骑行文化、海外市场品牌运营等方面为具体抓手，聚焦年轻消费群体。继续研发类似上海凤凰联手薄荷智造和云马科技，打造全新的智能电助力单车，发挥上坡省力、骑行轻松、加速迅捷等优点。利用共享单车作为企业自身的发展窗口。通过与共享单车企业在产品供应、产品研发、品牌融合、技术标准制定、海外市场拓展等多个方面开展深入合作，以提供包括车辆主体及智能部件的设计制造、运营后台和客户App终端开发升级的共享单车系统解决方案，提升"凤凰"作为民族品牌的品牌影响力与传播力，加强共享单车的模式推广，加速中国制造的共享单车落地海外。在新的经济环境中站稳了脚跟，同时以两头战略确保了自身的稳定。上海凤凰公司副总裁季小兵坦言，共享单车的迅猛发展，对自行车行业来说是一次重新洗牌，各大企业原本经营多年的渠道、销售模式可能都在面临一次深刻而快速的变化，原本的渠道可能价值归零。作为传统制造业企业，必须要学会拥抱互联网，才能在深刻变化的商业环境中找到新的立足点。

（四）严格控制产品质量

坚持走科技创新的发展道路。上海凤凰坚持结构调整转型升级，在产业结构、产品结构和市场结构方面实施全方位的调整，在环保科技新材料和互联网智能技术应用等方面全面提速，创新发展，科技引领绿色可循环的现代化自行车健康产业。凤凰应继续研发并推广电助力单车产品，不仅可以促进企业的转型升级、科技创新，还提升了企业的经济效益和社会效益。公司可继续将铝镁合金、铬钼钢、碳素纤维等新材料及新工艺运用到"凤凰"牌产品的研发制造过程中，以碟刹、液压油刹等新型制动技术取代原有的杆刹、线刹，以环保水溶性油漆取代传统涂饰工艺，以科学合理的方式实现最大程度的经济效益和社会效益。

（五）打造企业文化

坚守品牌内涵，并注入新的精神文化内涵。无论时代如何变化，清晰地了解自己的价值所在方能永立潮头。凤凰自行车抓住老字号企业的灵魂，即经受实践考验所积淀的高品质产品。在自行车正在失去其作为交通工具价值的当下，凤凰自行车敏锐地认识到了这一点，以宣传骑行文化，赋予自行车"低碳、健康、休闲、时尚"的定义，让自行车骑行不再是单一的出行需要，而是成为一种生活态度、一种生活理念的符号。一方面，凤凰自行车以历史积淀作为品质的底蕴，另一方面凤凰自行车紧跟时代步伐，将品牌塑造为顺应人们需要，开启全新生活体验的价值体现，吸引年轻群体的目光。"一路相随、一生相伴"，只有品牌战略才是做百年企业的关键战略。

涅槃精神永传承

本次我们老字号研究小组通过对老字号凤凰自行车公司的调查，让我们更好地认识到老字号的独特魅力及其可以持久发展下去的原因，开阔了我们的视野，也增长了我们的才干与见识。在参观凤凰自行车公司的产品展览馆时，我们见识到了凤凰自行车公司各种各样的产品，从两轮的通勤自行车到山地车、公路车、沙滩车和一些特种车辆，比如智能自行车、锂电助力自行车。除了自行车这个品类之外，凤凰自行车公司也在往儿童车业方向发展，包括童车、滑板车、扭扭车和遛娃神器等等；往上延伸是中老年的医用器械轮椅、担架、拐杖等等。

通过走出校门、走近凤凰，进行深入调查研究，我们发现凤凰自行车公司不断在尝试新的推广方式，拓宽销售渠道。凤凰自行车在国内市场进行多渠道销售，线下实体店、线上网店都有销售，此外还有团购大客户定制产品。通过本次对凤凰自行车公司的实地走访与考察，我们意识到老字号品牌也需要年轻化，凤凰企业也做了许多尝试，走进年轻消费群体，不仅包括一些跨界合作，也在引领老字号品牌进校园，让更多的年轻人也就是未来的主流消费者更多地了解凤凰自行车和凤凰自行车现在的产品以及它未来想要做的事情。

对老字号进行研究有助于我们在校商科大学生更新观念，吸收新的思想与知识。在对凤凰老字号的寻访中，我们看到了过去百年中国市场的起起伏伏，我们认识到老字号企业发展长久的关键一步是产品的质量，质量是企业的第一生命，直接决定了消费者的购买选择，同时质量也影响着企业的生产力，效率也会相应随之降低，企业就会在竞争的浪潮中失败。所谓"逆水行舟，不进则退"，企业要时时保持这种危机感，才能在市场中立于不败之地。

大学生社会实践是促进大学生素质全面发展，加强和改善青年学生思想政治工作，引导学生健康成长和成才的重要举措，是学生接触社会、了解社会、服务社会，培养创新精神、协作精神、实践潜力和社会交往潜力的重要途径。本次关于凤凰自行车的老字号研究的社会实践让我们提高了对于市场经济的认知，也增强了市场调查和分析能力。

永久牌自行车
——求索破局，用心沉淀

指导老师：王炯叶

项目成员：林圣寅　王少霖　温雅淇　杨智竣

经年传承，非凡工艺

上海永久自行车有限公司从事自行车的历史最早可追溯至1940年，是中国最早的自行车整车制造厂家之一，至今已有83年的历史。新中国成立以后，它作为最大的国有自行车厂为中国自行车行业的发展做出了不可磨灭的贡献，担起了复兴自行车大国的责任。"永久"研制了统一全国自行车标准、规格的标定车，又开发了中国第一代660MM轻便车、载重车、赛车及电动自行车、LPG燃气助力车等产品。几十年来，"永久"先后获得"中华人民共和国国家质量奖""第一批十个驰名商标之一""中国自行车行业十大知名品牌""国家重点新产品""上海市著名商标""中国国家自行车队指定产品""上海市名牌产品""中国名牌产品""最具市场竞争力品牌""保护消费者杯"等无数荣誉。

1940年，昌和制作所成了上海第一家自行车生产厂，"铁锚牌"日渐闻名，这便是上海永久牌自行车的前身。昌和制作所三易商标、二改建制，逐渐发展为享誉全国的知名自行车品牌，创造了"上海首次出口自行车""全国第一辆26时31型轻便车""中国第一辆标定型自行车"等里程碑式的成就。昌和制作所设计的"国产第一代赛车"成为全运会上海队的夺冠用车，标志着我国自行车工业正在向高、精、尖发展。进入21世纪后，永久自行车启动燃气助动车LPG项目。2002年至2004年，上海永久自行车连续三年全国销量第一，2004年上海永久车业总销量突破200万辆。

永久传承，匠心为先

20世纪80年代，中国还是自行车的王国。作为当时中国家庭的"三大件"之一，自行车给千千万万的家庭带来无限便利，成为那一代人记忆中难忘的一环，记载了太多的故事。

年轻时，骑一辆单车约会，甜蜜与幸福就在前后座上蔓延。到中年，骑自行车去工厂上班、去接孩子放学、去市场买菜。自行车的作用与家庭生活息息相关，那个时代的人们亦因此对自行车也有着独特的情怀和记忆。

说起对于自行车的记忆，就不得不提及"永久"牌自行车。

1986年12月1日，中国第一个自行车生产集团——"永久"自行车集团成立。自此以后，"永久"牌自行车就成为那一代人抹不去的记忆，同时也成为20世纪80年代老百姓心中衡量生活水平的标准之一。

自此，"永久"牌自行车一直秉着"传统与创新相辉映"的理念，创造了极其辉煌的成绩。

锐意发展，永不止步

变则兴，不变则衰。"永久"牌自行车在发展历程中充分诠释了这一点。

1940年，中国较早的自行车整车制造厂家之——"永久"前身昌和诞生了。

1949年由"熊球"改为"永久"，商标图案几经多次变换，但"永久"两个字沿用至今。

1952年，"永久"牌自行车年产已达到28767辆，占全国自行车产量的三分之一以上，成为新中国自行车行业中一颗耀眼的"明星"。这也为"永久"品牌享誉中国自行车经典品牌打下了良好的基础。

1953年，走出国门——上海永久首次出口自行车。

1979年，走向世界的"永久"——公路赛车SC67型永久SC67型标志着上海自行车厂批量生产"高、精、尖"赛车和运动车的能力已基本完备。

1981年，"永久"荣誉——"万斤粮换永久车"。

1986年12月1日，中国第一个自行车生产集团——"永久"自行车集团成立。

1989年，在第十四届亚洲自行车锦标赛上，中国运动员骑永久车SC654赛车，夺得了男子四人组100公里计时赛冠军。

1993年开始整体改制成中国上市公司。

2006年，"永久"致力于公共自行车系统及产品的研发设计工作。

2017年，"永久智能车"入局共享单车行列，其中蓝牙开锁、电子停车位、智能加速等40多项专利技术在业界均为首创。

"永久"牌自行车从创建以来经历了各种历史转折，也取得了众多荣誉。在发展过程中，"永久"牌自行车一直十分注重产品在质量、推广、口碑、种类等各项指标，逐渐成为我国著名自行车品牌。各种高级自行车的发明，给过去的人们留下了深刻印象。"永久"牌自行车自我的历史记录见证了一个企业的成长，这也与中国各行各业的成长过程相似。

推陈出新，百炼成钢

"永久"牌自行车在不断发展的社会中，巩固自己的地位，扎根上海。它的成功有两个不可或缺的因素，第一是凭借自己优质的产品获得的品牌信任度和良好口碑，使得消费者在选择时将永久自行车纳入首选。第二个重要因素就是永久自行车品牌的不断创新，无论是与阿迪达斯合作推出联名服装、推出"笃"系列复古原竹单车及其配套复古系列，还是建造自行车铺样式的永久咖啡店、推出电踏车等，都使得永久自行车在同类型产品中的竞争力越来越大，从而站稳脚跟。"永久"牌自行车靠着自己的优秀技术和不断创新的能力在竞争激烈的市场中获得一席之地。

同时，"永久"牌自行车也十分注重技术创新。技术创新在产品的生产方法和工艺的提高过程中起着举足轻重的作用。一方面技术创新提高物质生产要素的利用率，减少投入；另一方面又通过引入先进设备和工艺，从而降低成本。除此之外，技术创新还能增加知名度。"永久"牌自主研发，频繁与高科技企业进行技术交流，努力打造更加完善更具有永久牌自行车特点的自行车。

"永久"牌的理念始终是传统与创新相交融，以及尊严源自实力，幸福源自创造。其对于创新的理念是具有自身特色的创新，是在对历史的尊重和负责基础上的创新，也是在对传统的合理取舍之后的创新。永久牌自行车是中国传统自行车的典范，它见证了中国发展的风风雨雨，并屹立不倒，离不开企业坚守自我信念与自我改革创新的发展。沉浸浮华，百炼成钢，愿"永久"牌自行车，一直前进。

与时俱进，把握机遇

（一）政治环境

自行车制造作为我国轻工业的一环，随着时代的发展，自行车制造的产品线升级更是得到了资本市场的青睐。2016年，时值国务院总理李克强造访了飞鸽自行车厂，在调研中强调绿色环保出行，提升民族品牌创新和竞争力。

在政策和国家领导人的重视下，我国自行车制造行业必然迎来新的发展篇章。品牌全球化、材质环保科技化、产品智能化将是自行车未来的发展道路，这也是当前政策的期望结果。因此，国内的自行车制造企业要迎合国家政策的期望，将自主的民族品牌不断发扬光大，紧紧围绕"绿色出行、科技引领、品牌强国"这一目标，打造智能、绿色可循环的现代化自行车健康产业。同时，不断加强中国自主品牌在海外的核心竞争能力，从自行车制造大国转变为自行车制造强国。相信在政策的鼓励下和国内企业的创新能力加强下，自行车行业将会迎来一个新的发展阶段。

（二）经济环境

近年来，我国自行车产业遭受到了较大的打击，大量的品牌实体店倒闭，企业大多数都没有盈利。即使像"捷安特""美利达"这样的国际巨头也遭遇了自行车寒冬的影响。

但是随着国内中产阶级的崛起、体育产业的发展，自行车产业将迎来新的变化需求。近年来我国中产阶级数量在不断提升，2018年约为3.13亿人。中产阶级人数的提升，代表了国内的消费升级。国家实行的供给侧结构性改革，正是迎合这样的发展趋势。自行车制造产业同样如此，想要在未来的市场中立足，就必须强化自身的产品线，重视研发和自主创新，另外，不断提升产品品牌和口碑，才能在消费升级的时代最终赢得市场。

另外，体育产业也是促进自行车产业升级的一大动力。2018年，我国体育产业规模超过2.3万亿元。从前，自行车运动主要集中在欧洲和北美，但是近年来，随着中国经济的发展，以及体育产业的不断增长，一些高端的运动自行车在国内的市场在不断扩大。消费的转移说明，高端自行车还有很大的市场开发潜力。传统自行车产业想要得到发展，转型升级将是必要的趋势。

（三）社会环境

中国社会最为突出的一点就是人口基数大。庞大的人口基数、居民消费能力的提升和高端自行车产品的渗透率低等几大因素，是未来自行车制造行业主要的突破方向。从市场来看，我国居民对于传统自行车的消费越来越少。随着自行车实体店的"闭店潮"以及线上自行车销售的崛起，证明了我国居民的消费模式有了较大的改变。其实实体店的倒闭与线上销售的增长并无太大的关系，而是这些实体店没有及时通过转型来获得市场的收益。真正符合消费者的销售需求，是通过线上和线下结合的方式，传统的实体店如果能及时开辟线上渠道，通过"线上购买、线下体验"的方式，才能在当前的背景下求得更好的发展。

（四）技术环境

"互联网+"等概念的提出，是中国为了实现智能制造升级和制造业"弯道超车"提出的目标。综观我国的企业现状，大多还提留在"工业2.0"甚至是"工业1.0"的时代。我国传统的自行车制造企业如果不能及时通过创新的发展，无法将个性化定制、柔性生产和快速反应生产深入到工厂的生产之中，那么中国的自行车制造竞争力仍将无法提升。在国内经济实现转型的大好契机，自行车企业要将企业自身实际状况考虑在内，踏踏实实实现技术和产品的全面升级。

老树新枝，尽展活力

自行车作为曾经人们不可或缺的交通工具，随着社会演变和生活水平的提高正在逐渐淡出我们的视线。

一是由于宣传缺失的桎梏。一些老企业（如"永久"牌自行车）认为自己是老字号，不用再进行品牌宣传和传播，在其他品牌强大的宣传攻势下，消费者逐渐淡忘了它。现代营销理论成果表明，保持适当的曝光度能提高消费者对品牌的认同，从而有利于企业提高市场份额。但我们的大多数老字号企业至今还抱着"酒香不怕巷子深"的态度，对企业的宣传不够重视，任凭国外强势企业大打"媒体战""广告战"，吸引和培养了大批喜欢猎奇、追逐时尚的青少年及中青年消费者。而我们的老字号，仍旧保有一部分忠实的中老年消费者，但由于长期缺乏宣传导致的品牌形象老化，无法吸引一批消费力颇强的青少年及中青年消费者，致使消费者结构的断层，从而影响企业的发展。

二是由于品牌价值链的断裂。在经济全球化趋势下，任何想要塑造强势品牌的企业都要实现品牌经营的国际化，老字号也不例外。而大多数老字号企业并没有老当益壮，而是在倚老卖老。如今一个普遍的情况是，很多老字号并没有在生产研发和管理营销上为企业注入新的时代内涵，却依然津津乐道于"祖上的荣光"，造成的结果是消费者对其品牌的认识也多停留在逝去的历史中。于是，大多数老字号沦为市场中脱离大众的"古董"。

对于这样的大环境，"永久"牌自行车可以从以下两点出发，立足市场，两头并重，落实竞争战略，重回昔日辉煌。

（一）加强品牌的宣传

长期以来，老字号主要凭借口头传播建立声誉。然而，在当今快速的信息流和广阔的商业圈面前，老字号应灵活运用各种传播工具（如广告、公关、CI等）对品牌进行整合传播，从而提升品牌价值。

（二）实施信息化战略，增强对市场的快速反应

本土的老字号也应加快信息化步伐与时代接轨，将产品的制作、工艺与特点、乃至对服务人员的评价等关乎企业生存发展的重要议题在电子平台上与广大消费者进行交流，并与他们积极互动，对他们好的提议要积极采纳，并最终根据企业的获益情况对提供有益建议的消费者进行奖励。同时也不要放松如实时调查问卷、电话调查等传统的沟通方法与消费者零距离沟通，虚心听取他们的意见。

（三）话语再塑造

老字号习惯于过往的话语体系，但在新时代，需要的是用为当下人们所熟悉的方式诠释自身，融入现代的话语体系。在自行车正在失去其作为交通工具价值的当下，"永久"牌自行车敏锐地认识到了这一点，以宣传骑行文化，让自行车骑行不再是单一

的出行需要，而是成为一种生活态度、一种生活理念的符号。一方面，"永久"牌以历史积淀作为品质的底蕴，另一方面"永久"牌紧跟时代步伐，将品牌塑造为顺应人们需要，开启全新生活体验的价值体现，吸引年轻群体的目光。

企业负责人的一句话道出了"永久"的心声："上海永久虽然是一个老字号企业，但我们从未因循守旧。当初品牌之所以能够创立，正是抓住自行车作为新事物刚进入中国而做的文章，一路走来，永久的今天是由一次次的变革和创新而造就的。"百年光阴，于人而言，几近一生，从青涩到成熟，是走向完满的过程；对于一家企业而言，创立逾百年，既是一种机遇，同时也是一种挑战。正如走过青年时代的百岁老人如何继续焕发生命活力，避免陷入行将老矣、停滞不前的困局一样，经历了长达百年发展历程的传统老字号企业也面临这个问题。除了对于创立初心的一贯坚守，更离不开开拓进取的创新精神，历经不同的时代背景，唯有不断的变革才能保持企业的活力。如同"永久"牌自行车的理念"一路相随，一生相伴"。上海"永久"牌自行车因时而兴，更因变而强。永久的精神在于兼容并包，既能延续保持企业原有的优势长处，又能接纳吸收新事物，永久企业通过在传承中寻找突破，在突破中运用创新，在创新中取得发展，正是这一堪称永久模式的企业良性循环引领永久牌自行车走过一个又一个春秋，度过一次又一次的挑战，延续属于自己的故事。

愿我走出半生，归来仍是少年

项目成员们围绕"共享经济环境下老字号自行车企业的现状与发展"这一课题，对上海"永久"牌自行车开展走访调研。通过开展线上问卷调查、线下采访调查以及实地走访调研三项内容，在开始实地走访前对"永久"牌自行车目前的知名度、主要受众群体以及人们对于传统自行车和共享单车的看法有了较为清晰的认识。随后通过实地走访、采访企业负责人、资料完善和讨论，进一步明确了课题的研究方向。对于"永久"牌自行车借助科技创新和自身变革在共享经济时代充分抓住历史机遇，取得新发展有了认识。通过探寻"永久"牌自行车作为百年老字号能在新时代、新环境下屹立不倒的缘由，我们认识到老字号企业若想经久不衰，抵御时代冲击，必须具备遵循市场规律、坚守品牌内涵、话语再塑造三个条件。以"永久"牌自行车在新兴的共享经济时代下的现状与发展为例，探究其成功的原因，进而推而广之，我们总结出传统老字号保持生命力和活力的关键，正是此次社会实践最大的收获。

通过对百年老字号"永久"牌自行车的寻访，我们收获良多，感悟颇深。百年老字号的在新的历史背景下走向新的舞台，百年的自行车制造历史，历史悠久，拥有时代烙印，又与时俱进，有着时代气息。老字号不仅是文化传承者，他们也是历史的见证者，是历史的创造者。在新的时代，老字号面临着机遇和挑战：我们欣慰地看到"永久"牌自行车通过自我变革和科技创新，在新时代走出了自己的道路。但同时还有更多的老字号企业亟待人们的关注和需要谋求更好的发展。一方面，我们要保护好这些老字号招牌及其蕴含的文化和记忆，讲好老字号故事；另一方面，我们也要看到老字号目前遇到的问题，思考背后的原因，提出解决方案，获得启示。在此次社会实践活动，小组成员获得了一次化理论为实践的珍贵机会，从开展项目以来，我们对于"永久"牌自行车等老字号企业的认识不断加深，对于在新时代下老字号企业如何发展有了更深的理解，对于认识事物的方法都有了新的体会。

更重要的是，在此次寻访调研中，项目成员们不仅提高了团队协作能力和问题解决力，增强了执行力和思考力，而且通过永久自行车这一案例认识到了创新、勇于开拓是颠扑不破的真理，是一个企业经营、更是一个人在发展过程中保持活力和竞争力的关键，唯有不断前行，才能拥有更宽广的未来。

同时，这也为我们提供了一个锻炼自我、提高团队协作能力的好机会。从开展活动前的项目设计，到活动中的流程实施、实际走访再到活动后的材料汇总、项目结项，每一步都考验着团队的协作能力和执行力。每一位项目成员通过分工合作、群策群力的方式参与到活动的每一个环节之中，以良好的团队精神克服项目实施中遇到的困难，提高了人际交往能力、协作能力、组织能力和操作能力以及适应环境的能力。更重要的是，通过社会实践，进一步增强了每个成员的参与意识、创新意识和勤于实践、勇于探索、精诚合作的精神。

茂昌眼镜

——眼中世界，昌盛百年

指导老师：吴培培

项目成员：李玮皓　卢诚皓　颜　涌　李润华

在明代的宫廷史料中，"眼镜"一词第一次出现。随着商品经济和个体手工业的发展，眼镜用料由天然水晶石发展到使用玻璃后，眼镜的使用范围开始向民间推广和扩大，制作技术也有了新的发展。

小者视之大，远者视之近

1923年，茂昌眼镜公司创设于南京市老北门旧仓街并快速发展，1935年迁店到南京路、云南路口。茂昌眼镜自迁入南京路市中心后，即善于运用灵活多样的营销方式，抓住以眼镜为时尚的消费潮流，推出各种吸引顾客眼球的活动。它在顾客服务方面也深入人心。

抗战胜利后，茂昌眼镜在南京开设分公司，并在上海虹桥购置了大面积的厂房。但国民政府推行反动的经济政策，造成极端的通货膨胀，空前的物价高涨，茂昌眼镜步履维艰。后来新中国成立进行社会主义改造，茂昌眼镜不断克服种种困境。

自十一届三中全会之后，我国逐步实行改革开放，茂昌眼镜抓住机遇在东莞市成立连锁店，长期以来坚持以"信心标志，专业水准"为服务宗旨，渐渐在广大市民中赢得良好的声誉，树立了良好的企业形象，公司也不断发展扩大，目前在东莞、石龙、虎门、厚街、常平、长安等镇区拥有20家连锁店。茂昌眼镜凭借独特技术和专业服务，树立起良好的品牌形象。

精攻于专业，对比出差距

茂昌眼镜一直树立的品牌理念是：信心标志，专业水准。

在技术方面，茂昌眼镜加大投入资本，首家引进国际先进的成人渐进多焦点镜；全国首创青少年渐进多焦点镜，荣获国家专利；独家引进美国先进技术MTI无创伤性2－6岁幼儿验眼机；全国首家引进国际先进的美国"AO"及德国"LOH"光学研磨设备；全国唯一拥有特级技师的企业。正是因为科技的领先，它取得了很多荣誉，成为最早被政府部门指定为国家领导人配置眼镜的企业。青少年渐进多焦点镜也试制成功，这一独特的发明荣获黄浦区1998—1999年度科技进步一等奖、第五届上海科技博览会金奖、上海青少年最喜欢的科技产品，2000年10月又荣获国家专利。这些荣誉使茂昌眼镜在人们心中留下深刻印象。

在公司经营方面，茂昌眼镜引进了国际先进的完善设备，聚集了大批专业的技术人才，采用电脑网络管理，从验光、配装、销售、维修，提供一条龙服务，做到品质名优、货真价实、消费者满意的销售正版正货的企业。茂昌眼镜作为国内的百年老品牌，拥有悠久的历史和举足轻重的地位。其在品牌的塑造和创造的成就上是目前国内眼镜业的标杆。

即使茂昌眼镜公司有着这样悠久的历史，但也面临着困境。以眼镜品牌领域的"宝岛眼镜"、"RODENSTOCK"（罗敦司得）品牌为例，二者在专业以及品牌建设上面各具特色，对茂昌眼镜公司有着巨大的冲击，一边是采用电子商务的方式让消费者以更低的价格获得优质的商品和服务的台湾品牌"宝岛眼镜"，一边是转型和创新、走个性化路线的德国"RODENSTOCK"（罗敦司得）品牌。与茂昌眼镜进行对比，虽然茂昌眼镜也拥有专业技术，但仍然面临着重大的考验。

风雨艰险路，绝处逢生时

通过对老字号"茂昌眼镜"的深入调研，我们发现宣传力度不足、营销方式老旧是茂昌眼镜面临的主要问题。

茂昌眼镜要继续发展下去，加大宣传力度便是其首先需要做出的改变。现在手机和互联网几乎和每个人的生活都息息相关、密不可分，所以加大在互联网上的宣传和推广可以有效地宣传品牌，增强人们对品牌的认知。

此外，茂昌眼镜可以在网络上向消费者展示眼镜的款式、价格、材质和重量等，还可以接受消费者的预定，并给消费者安排就近门店验光或提供收取一定服务费的上门验光服务。这样不仅顺应了当今消费者的消费方式，更好地满足当今消费者的需求，还能推进企业的营销和发展。

在发展创新的过程中保持眼镜的品质和服务的质量，也是我们对茂昌眼镜的未来发展建议之一。有少数品牌在发展壮大过程中为了追求利益而放弃产品品质，最终造成品牌陨落，而与眼睛健康息息相关的眼镜，品质要求应更加严格。材质问题是消费者很重要的考虑因素，无论是镜框还是镜片的材质，都会成为消费者的关注点，这更能说明眼镜行业镜框和镜片的质量应该是基本保障。再者，通过优秀的服务让消费者们感受到茂昌眼镜的热情与对顾客的负责，通过不断创新，适应潮流和当下时代的发展，来吸引不同年龄段的消费者。

与时俱进路，踏上新征程

茂昌眼镜作为国内的百年老品牌，拥有悠久的历史和举足轻重的地位。无论是品牌的塑造，还是创造的成就都是目前国内眼镜业的标杆。不过，并非老品牌就能一直长盛不衰，通过与国内国外其他眼镜品牌的对比，可以从中获得许多的参考和借鉴。期待老字号品牌茂昌眼镜推陈出新，砥砺奋进，引领眼镜行业壮大发展。

吴良材眼镜

——实现突破，方能涅槃

指导老师：吴培培

项目成员：吴阿芳　宋乐乐　许　丹　李　霞　李亦佳

历史悠久门店，优质服务品牌

创业人吴良材，于清康熙五十八年（1719）在上海开设"澄明斋珠宝玉器店"，后因兼营的水晶、茶晶眼镜生意兴旺，遂于1927年改为专营眼镜的"吴良材眼镜店"。1946年获批成立上海吴良材眼镜公司南京分公司，同年10月15日，南京吴良材眼镜分公司在南京太平路105号盛大开业。新中国成立后，国家实行公私合营，南京吴良材眼镜店划入国有企业南京百货批发站。

新中国成立前，"吴良材"第五代传人吴国城又在南京开店，1956年，吴国城响应国家号召，主动申请将吴良材眼镜公司公私合营，并按国家政策领取了定息。20世纪90年代，公司又先后改名为上海吴良材眼镜店、上海三联(集团)吴良材眼镜公司。

吴良材于1992年在嘉兴开设了第一家连锁店，是国内眼镜行业最早开设专业连锁的眼镜店，并在短短4年中吸引了200多家江苏、浙江、湖南等其他的省会眼镜公司加盟吴良材，销售额占当地眼镜市场的80%，成为当地眼镜行业之柱，以龙头形式带动业内发展。吴良材公司以良好的配镜环境、一流的配镜技术、专业的高级验光师为特色，在立足上海服务全国的状态下，以其独特的管理模式开创多省的连锁局面。各加盟店在上海吴良材总部的指导下，每年的销售额不断增加，同时在当地树立加盟店品牌形象，以验光准确、磨制精良、品质超群、服务完善赢得广大消费者的信任，各加盟店以先进的仪器、精湛的验配技术、过硬的商品质量、舒适的购物环境赢得了广大客户的信赖，成为当地眼镜行业最大的连锁企业的同时，纷纷创立自己独有的特色。

经过百年风雨的历练，吴良村公司连续11年被评为国家眼镜质量抽查合格企业，获得国内贸易部颁发的"中华老字号"称号。2001年吴良材品牌被评为上海市著名商标，2003年吴良材品牌被评为上海市驰名商标，2006年被誉为全国最具有影响力的中华老字号商标。吴良材公司凭借精湛的工艺，不断创新与突破的技术，书写了新的精彩篇章，展现新的荣耀，吸引了众多加盟商。公司的业务遍布全国，形成紧密相连的规模优势，市场份额占据更为宽广。

困难挑战不断，对比出路显现

品牌的年轻化似乎成为了目前消费者们的追求，吴良材作为百年老店靠的是日积月累下来的口碑，通过口耳相传，为人们所熟知，相较于知名品牌，在宣传方面有着一定程度上的欠缺。

通过深入调研，我们还发现，在产品种类上，吴良材缺少的是功能性产品。比如Aojo（艾镜）的产品线就极为丰富，不仅仅有使用率极高的近视镜、老花镜、太阳镜，同时也会有电脑镜等功能性产品。又比如JINS，为了适应现代人日趋多样化的生活方式和对健康的重视，JINS还推出了诸多功能型护目眼镜，诸如JINS防蓝光眼镜、JINS风沙Cut、JINS保湿眼镜等。

其次，在销售模式上的对比也比较明显，JINS眼镜作为快时尚眼镜的"元老"，在进入中国后带动了"镜架+镜片+镜盒=399元"的套餐价销售模式。日本的Zoff(佐芙)品牌，提供了包括镜框、镜片在内，380元、580元、780元三种价位的产品，便于顾客挑选和试戴。宝岛眼镜与国内重点高校合作，进行专业人才培训，并积极参与国家质量部门检测，落实高质量的商品分析，真正创造企业、高校和视光产业三方面纵横一体的零售企业。

在时尚创新方面，以九木十品牌为例，九木十品牌主要针对的是20—30岁的年轻人，和其他眼镜品牌不同，它的产品并不是功能性的，而是装饰性的配件。店里基本都不会配验光仪器，需要顾客自己拿着验光单来配眼镜。为了满足消费者的不同需求，开创了炫目风、英伦风、街头风、复古风、中性风等不同风格的眼镜，为潮人的百变造型提供搭配。在年轻人眼里，眼镜不再是弥补近视、远视等的工具，而是渐渐融入自己的日常潮流搭配中，因此与传统眼镜店吴良材相比，此品牌更受年轻人的欢迎。

再从服务方面来看，亮视点一直致力于将专业眼检设备、专业验光师和520标准眼睛健康检查带入中国，为中国消费者提供无微不至的关爱与呵护，积极践行"亮视点，爱眼睛"的品牌承诺。

大光明眼镜用专业的技术为社会大众提供爱眼护眼的贴心服

务，提供免费验光、清洗眼镜、眼部检查、眼镜捐赠等服务，准确定位为大众信赖的专业眼视光验配中心。大光明眼镜采用先进的综合仪器设备，拥有专业的验光及配镜团队，为顾客提供科学验光、专业加工、精准配镜、完善售后等多种服务，确保消费者配戴舒适并享有高性价比的优质产品。如今，公司已经成为集眼视光医疗、眼镜文化、眼镜设计、眼镜连锁于一体的眼视光综合品牌。

最后从专业方面来看，Luxottica Group（罗萨奥蒂卡集团）是全球奢侈品和运动眼镜行业的主要提供商。

大明眼镜从环境、商品、服务、经营、管理等各个方面，从验光、选架、配片、开方、装配、检验、取镜到维修等各个环节，都制定了一系列规范化、标准化、量化、可操作化的规章制度和流程，形成了一整套具有大明特色的经营管理规范。

上述品牌在技术方面拥有着很大的优势，吴良材品牌想要脱颖而出，还需要做出很大程度的改变以及努力。

致力科研创新，塑造品牌“新”形象

（一）科学管理，提高竞争力，扩大经营范围，增加品牌知名度

通过实地走访调查以及采访吴良材眼镜管理人员，我们了解到吴良材眼镜虽有多家连锁店，但大都聚集在上海、南京等南方地区。面对眼镜市场如此强大的竞争压力，吴良材眼镜可以利用自身品牌优势尝试向西部地区一些二三线城市发展，扩大企业自身规模，增强企业自身竞争力。随着中国城镇化政策的推进，相比于一线城市，二、三线城市眼镜零售市场的潜力较大。根据波

士顿咨询公司的研究报告,在中国较小城市,2010年只有18%的消费者符合中产阶级及富裕消费者的标准,而这个比例在10年之内将增至45%。到2020年,中国的中产阶级及富裕消费者数量将增加3倍左右,从1.5亿增长到4亿以上,其中三分之二将居住在小城市。随着城市化进程加快、城镇居民消费水平的提升、物流等基础设施建设的完善,竞争激烈程度相对较小、发展空间较大的二、三线城市将成为眼镜连锁企业的必争之地。而相较于一线城市高昂的人工成本和租金成本,运营成本相对低廉的二、三线城市也更适宜眼镜连锁企业开设门店以进行全国布局。

但随着销售规模的不断扩大,企业的管理问题也会随之而来。企业应提高管理水平,优化管理系统,在商品库存、店内陈设及店员的培训方面做足功夫,保证百年企业的品牌口碑。

(二)加大技术研发投入

面对强大的竞争对手,吴良材眼镜只有回归专业技术,才能淡化低价竞争。在我国,眼镜的产品技术含量和附加价值都比较低,与国外行业做对比,国外研发投入占利润的10%—15%,而我国则不超过2%,所以吴良材眼镜应当加大研发投入,提高技术含量,提高产品附加价值。吴良材眼镜的对手不仅是国内的眼镜企业,还有来自国外的强大眼镜企业。在这种情况下,企业要摒弃故步自封的保守观念,积极向各方学习,以最大限度发挥企业的资源和技术优势。

(三)提高经销产品的质量及档次,增加服务体验,完善售后服务处理

不仅如此,人们对不同的吴良材眼镜店所配的眼镜都有不同的评价且差异很大。有花了几千块也觉得很值的,也有花了几百块就说很不值的,人们对同一眼镜的质量也有褒贬不一的评价。

人们对眼镜店工作人员的评价也不同，有的说热情周到、售后也很好，有的人则说态度冷淡。虽然网络上评价的真实性还有待考察，但这也从侧面反映出吴良材眼镜在产品质量及销售人员的培训方面还存在不足。企业可以从该方面入手，提高顾客购买体验，维护百年老店口碑。

（四）大力引进外资、外技

尝试着与国外知名品牌眼镜店融资合作，扩大品牌知名度，强强联手，一方面可以更好地发展本民族品牌，另一方面也能借鉴国外先进技术，互相改进，更好地发展。

目前国内的眼镜店，从验光到打磨眼镜显得非常简陋。验光往往像吃快餐，几分钟就结束了，把一个半医半商的行业做成了快消品。镜片生产很多停留在流水线和立等可取的小作坊基础上。中国是眼镜大国，孩子的近视比例非常高，中青年对近视眼镜的选择焦点往往是集中在镜架上，对高档、时尚、美观的镜架肯下大价钱购买，而往往忽略镜片的专业度。中老年人对配老花镜重要性的认识存在不足，胡乱配的，随便买的，比比皆是，很多老花镜的造价非常低廉，导致眼睛不适程度不断上升。

（五）在产品设计中注入传统文化元素

1.现代产品设计应首先应用传统文化的"形"

可以在眼镜的造型上应用传统文化元素。在各种各样的民间艺术形式当中，中国传统文化表现出了多样的文化形态。现代的设计者可以对这些文化形态进行分解和重构，从而将产品的结构功能同传统文化的内涵结合在一起，赋予产品全新的形态。需要强调的是，对传统文化形态的利用不仅是指在产品的外在形态上进行简单的重复和拼贴，更多是指在重组的基础上将工业生产同艺术创造融合在一起，使产品设计同时满足多种需求。对传统文化的多层次创新，能够充分挖掘出"形"的文化价值和商业价值。因此除了模仿，在"形"的基础之上，设计者还要学会进一步创新。以传统建筑、乐器和服饰等器物类元素作为原型，可以以下从几个方面进行改造。在造型上，传统器物的整体形状、色彩、装饰图案以及材质等特征，都可以进行变化。在功能上，通过缩小或增大原有的比例，可以在保留整体的基础上赋予外在造型以新功能。根据功能需求和现代审美观念去改换材质、装饰和色彩，能赋予原型更加浓厚的时代气息。通过抽象化的再创作，原型中的整体或局部特征能被提取出来，再加入一些现代化的设计元素，就能构建出新的产品造型。比如联想集团在2008年推出的"祥云"笔记本，在整体的色彩上运用了中国传统的漆红，典雅的金色云纹来自中国古代绘画中的云彩形象，在经过变化和调节之后显得富有匀称的韵律感和现代美感。在该款产品的设计中，设计者成功运用了中国传统元素的"形"，并进行了创新，使之成为一款兼具历史气息和艺术美感的产品。

2. 在现代产品设计中应用传统文化还应注重"神"

优秀的中国传统文化并不是故步自封的，学习各种文化体系的长处，并将其加以吸收利用，能够拓宽自身的发展空间。产品设计是来源于西方的一个综合性学科，因此，设计者应当在"取其精华，去其糟粕"思想的引导下，以中国传统文化为基础，从西方较为完善的学科系统中获取值得借鉴和学习的精华，也可以尝试引用现代流行元素，跟上潮流，进而在产品设计中促进传统文化的良性发展。

随着中国社会经济的快速发展，对中国传统文化的思考和关注也越来越多。用产品设计承载传统文化，创作出同时具备深厚文化底蕴并带有鲜明民族风格的设计作品，不仅能扩大中国传统文化的影响力，也能更好地宣传百年品牌的设计理念，提升商业价值。为了达到这一目的，在借鉴国外先进经验的同时，中国现代产品设计不仅要应用传统文化的"形"，还要传承传统文化的"神"，以达到形神兼备的境界。

涅槃重生，砥砺前行

吴良材品牌眼镜作为老字号之一，在各种眼镜品牌的冲击下，面临很多的困难和挑战，比如在眼镜镜片方面，国内大部分眼镜店对眼镜的属性认知不清，对镜片验配不严谨对眼睛产生的后果的严重性不重视。甚至部分大中型连锁眼镜店也是快餐式的验光，流水线的生产。视光行业，还是应该向国外多学习，要形成一对一的验光，检查眼底，主观验光，客观验光，并要形成问诊制，下处方的时候必须考虑顾客的用眼习惯，配出的眼镜才能让顾客真正的舒服。镜片必须个性化量身定制，才能真正改善视光行业目前的窘境。

再者，如上文提到的人们对不同的吴良材眼镜店所配的眼镜都有不同的评价且差异很大。如何去挽留消费者，使消费者们感受到专业的服务、高超的技术水准等方面也是吴良材品牌在下一步发展的突破点。

所谓做难事必有所得，同样的，也可以类比到吴良材品牌的发展上面来，经历了各种困难并有所改变、发展，在这之后的吴良材品牌一定会更好地发挥出属于它的光和热，成为老字号里面的一束光。

亨达利钟表

——匠心工程，百年字号

指导老师： 吴启扬

项目成员： 许秋烨 傅显茜 彭 晨 李雨珊 钱 赟

别具一格，独领风骚

"亨达利钟表公司"于1917年美华利钟表行接办并重新开张，考虑到"亨达利"在上海已有一定的知名度，因此对外沿用了"亨达利"的招牌，并改为专营高档钟表的商铺。

第一次世界大战结束时，德国马克和法国法朗贬值，亨达利钟表趁低价购进手表数十万只，在上海销售，获利数倍，使其资本实力更加雄厚。亨达利钟表因与洋商的特殊关系，货源充沛，加上"美华利"的众多门店兼营，一时声势极盛，号称远东第一。上海解放后，亨达利仍为钟表专业商店。进入20世纪80年代，以领导钟表新潮流而誉满全球的日本西铁城石英钟表在全市最先上柜供应，自1992年起，销售额连续6年高居全市钟表零售业榜首。亨达利钟表公司至今已有130余年历史。

　　亨达利钟表是一家引领手表潮流、经营优质手表的钟表专业商店，隶属于上海三联集团。亨达利，意为亨通、发达、盈利。"货品精良、精工修理"是它的企业精神。亨达利钟表经过百年的发展，没有在同品类产品的竞争中淘汰。除了品牌优势，"钟表精修"也是亨达利钟表经久不衰的一大法宝。"亨达利"与"亨得利"联手建立的名表维修中心，集中了"两亨"的众多专业技术好手，有一支技术高超的专业维修师队伍，同时备齐自动测试仪、校表仪等一系列瑞士原厂生产的维修设备，以其精良的维修技术在消费者中声誉鹊起。该店实行保单制度，凡持亨达利钟表保单，可在全国各地分号内免费修理。这种"以卖带修、以修促销"的经营方式，博得了广大顾客的信赖。亨达利钟表审时度势，以与时俱进的姿态大手笔引进了高中档品牌手表，以各具特色的专卖小厅进行陈列和配备，具有专业特长的营业员进行消费指导。亨达利销售各类世界顶级名表，对于中档表也及时顺应潮流，适时补充运动款式，做到高中档品种俱全，满足了各个层次的消费需求。经过几十年的沉淀，在全国各地开设了23家分店，成为"钟表大王"。

步步维艰，另辟蹊径

　　当今时代是互联网全球化的时代，世界多数高端的钟表品牌如浪琴手表等都已经建立并逐渐完备了自己的网络销售渠道，各品牌都有自己的官方销售网站，并在其他国家例如我国的淘宝等网络购物平台建立起自己的官方旗舰店。而亨达利钟表在网络销售方面的业务还没有开展起来，官方网站对于公司及业务的介绍不完善，又没有网络销售的途径，消费者只能通过门店购买的方式进行消费，这样也会损失很多的客流。

亨得利集团与众多国际著名手表品牌供应商一直保持良好的合作关系，却没有自己独立的品牌和系列。从销售渠道上来看，随着传统奢侈品钟表消费群体的逐渐老去，钟表尤其是手表本身的功能性下降，譬如说在我们这一代人的眼中，手表早已不是看时间的首选工具。那么在需求减少的市场环境下，怎样重塑或激发奢品钟表在用户界面的需求，便是值得商讨的一大话题。如何重塑消费者需求，最根本的是要了解新一代消费者群体，而最便捷的途径则是利用互联网大数据。所以传统钟表商拥抱电商平台，应该凭借此次机会，抓住大数据，尝试重塑消费者需求。

推陈出新，坚守本心

随着时代的发展，手表经销商的增多，亨达利钟表的发展也面临着威胁。尽管亨达利钟表历史悠久，但主要消费群体都是老客户和回头客，亨达利钟表应结合自身，改善现状。

一是强化品牌意识，形成企业内部全员、全过程、全方位推动品牌建设的良好氛围。品牌不仅是生产经营者为了标识其产品以区别于竞争对手而采用的标记，还是企业的一笔宝贵的无形资产。"没有品牌，企业就没有灵魂；没有品牌，企业就失去生命力。"在品牌这一方面，亨达利钟表已经有了良好的基础。

二是制定自主品牌发展战略，根据企业的自身特点和经营目标，明确市场定位，选择个性化、差异化的品牌发展模式。企业在制定营销方案的时候所面临的最大问题就是把产品卖给谁，也就是确定目标客户群体的问题。所以，企业在确定目标客户群体时，必须关注企业的品牌和消费者本身。现在的很多钟表品牌所针对的消费者范围都很窄，而亨达利的消费群体却很广，其销售的钟表可以基本满足大众的消费需要。商品崇尚高档传统，并且做到品牌品种齐全。但我们认为亨达利先一步地引进顶级新品，同时，对于中档表也紧随潮流，适时补充运动款式，做到高中档品种俱全，更好地满足了各个层次消费者的需要。

未来，亨达利应利用自身"货品精良、精工修理"的优势，同时密切关注时代潮流的变化，推陈出新。另外，在业务经营方面，还应该坚持名、优、全特色，凡名牌钟表，只要国内有货，商店就有售，做到备货足、品种齐，这样顾客才能有选择。

雄关漫道，未来可期

亨达利钟表公司成立后在行业内也遥遥领先，经营者没有止步不前，在公司的发展中更注重去洞察顾客的消费心理，并根据反馈与"亨得利"联手建立了名表维修中心，来满足客户的需求，这一点是值得当下的很多企业去学习的。

老字号能够发展到今天，说明了它有许多的过人之处，是值得我们去肯定和赞扬的。然而在当下这个日新月异的时代，品牌不仅需要的是坚守，也需要创新，需要突破，需要寻求新的发展空间和方向，这样一家企业才能够更加长久昌盛地经营下去。

如今，这家公司也面临着很多新的问题和挑战，希望未来公司和它的经营者们可以如以往一样，勇敢面对挑战，认识到自己当前的不足并加以改善，希望雨过天晴后，我们能够看到一个更好、更能引领时代的"亨达利钟表公司"。

上海手表

——勇于突破，敢于创新

指导老师： 邹亚妮

项目成员： 经丽丽　王　植　林子钰　王建涛

家喻户晓，时代潮流

这个与上海同名的手表品牌，在二十世纪五六十年代走进人们视线，成为生活中的"三大件"之一。以"精益求精"作为企业精神的上海手表厂，既走了高端方向，也走了亲民路线，与人们的生活更加接近。

作为"中国制造"的典范，周总理长期佩戴着一块"上海牌"的A581手表，毛泽东、江泽民同志也相继为品牌题字。在那个时代，"上海牌"如此耀眼，国人为之自豪。

改革开放后，世界知名品牌大量涌入，市场被大量占据。电子表、石英表这些崭新事物无不威胁着"上海牌"的生存。在手表厂最艰难的那段时期，大家才明白过来，只有技术才能让品牌走得越远。

店内部分钟表、手表

随后，上海牌独特的机械表——陀飞轮系列诞生了，这背后有无数工程师为之默默付出的努力。上海牌手表的复苏和崛起，永远都无法离开这些支撑它的"脊梁"。

进入21世纪，上海表厂变成上海表业，随之变化的还有经营思路——为世界中低档机械表制造机芯，为此公司得以正常运营。一次机遇又使得大家的目光聚集在上海牌手表的"质量和内涵"上，从那以后上海表业开始走"情怀"的路线。

随着现代社会的发展，社会对企业的要求更高。在此方面，上海表业积极承担社会责任，热心公益事业，汶川大地震时为灾区投放大量物资。大家能从更多媒体上看到上海表业的动态，体会到他们企业厚重的责任感。

无论是在20世纪90年代末的改制，摇身一变成为"上海表业有限公司"，还是在二十世纪五六十年代初，最风光的"上海手表厂时期"上海表业不忘初心，秉持着它最原始的精神："精益求精"。在这之后，这种精神又不断渗入到企业的各个层面，从领导者到工程师，凝聚在每一块表带、每一个零配件上，最后又衍生出了重细致、肯钻研的"工匠精神"。小小的一块表上，汇聚更多的是内在，上海牌手表得以延续长久，根本就在于这些隐藏着的宝贵精神。

我们小组深入上海最有名的店铺之一——上海牌手表田子坊专卖店进行实地调研，并邀请了负责人邵先生进行了相关访谈。访谈过程中，负责人邵先生向我们介绍上海牌手表时脸上满是自豪的神情，表明了上海牌手表在当年就是一种时尚，流行程度绝不亚于如今的苹果手表，人人都以能佩戴上海牌手表为荣，早已成为当时的一种时代象征。

饱经风雨，绝处逢生

在资本市场经济大规模入侵的时代，外国手表不断冲击国货市场。洋表凭借着其价格低廉、外观亮眼的优势迅速抢占了上海牌手表的市场，使其短期内难以翻身。上海牌手表在发展过程中，承受着来自不同方面的考验，其中绝大部分便是同类型手表的竞争。上海牌手表的竞争对手主要有国内和国外的知名品牌。

随着中国国门的打开，许多外国品牌进入中国市场，挤压中国本土品牌的市场份额。上海牌手表相较于外国品牌的优势在于，上海牌手表是国人生产的第一块中国表，不同于外来知名表，上海牌手表表面上运用"毛体"书写的"上海"二字，体现了中国情、中国梦。与此同时，上海牌手表在经历20世纪90年代的困境之后，将重心立足于品质保证、服务至上，有着可媲美外国手表机芯的技术，再加之主打的情怀，占据相当大的市场并不是遥不可及的事。

　　相比较于近代国内其他品牌，上海牌手表在发展历程、应对经验以及制作工艺上都占据优势，且上海牌手表在困境中顽强地存活下来，而大部分国内品牌选择与外来品牌合作，制作合资手表打入市场，国内近几年发展极好的"罗西尼""飞亚达"等便是合作产业。它们的优势在于款式新颖、价格适中、质量稳定，同时也在向中高端路线发展。随着进口关税的逐年下降，我们不得不承认钟表行业面临着激烈的竞争。

　　在国内外的冲击下，上海牌手表并没有一蹶不振，它谨遵老一辈留下来的技艺和精神，紧盯市场，伺机而返。2001年在巴塞尔钟表展上，上海表业有限公司造出号称国际三大最难做的表之一的陀飞轮表机芯，获得国际上的认可，这才将这"国表之王"重新推上历史的舞台。此表一出，吸引了许多海内外知名厂商的目光，而后数十载，在与海内外投资商的战略合作之下，国表终于走出来了。

私人定制，自身为媒

（一）坚持自身策略

　　上海牌手表自创立以来，从来没有涉足其他的行业，也没有拓展自己的产品门类，只做一件事——把手表做到极致，不论是在工艺上还是在设计上都在不断进步。我们寻访上海田子坊几家上海手表门店时，就见识到了上海牌手表的工艺之精湛、技术之先进，上海牌手表的制表工艺在一代代上海牌手表人之间传承、发展，传承的不仅是技艺，更是一心一意做好表的意志和决心。上海牌手表专心致志做好一件事的策略让他们发展至今。上海牌手表需要坚持自己的策略，敢于突破，勇于创新，才能继往开来，勇攀高峰，大踏步地走向未来。

（二）提供客制化服务

在全球经济飞速发展的今天，各个行业的需求正在从原来的低端转向中高端，居民的收入越来越高，人们对物质文化的需求正在进一步扩大，手表行业也不例外，这对于上海牌手表来说不仅是一个挑战，更是一个机遇、一个新的发展思路。向顾客提供全方位的定制化服务，例如最简单的在手表上铭刻文字的模块自由组合，不但能更大程度满足客户需求，也可以促使手表工艺和服务系统的完善，这样的定制化服务不但能很大程度提高经济效益，也能提高客户群体的品牌忠诚度，还有助于在全球范围内拓展自己的市场，上海手表的品牌影响力和知名度也将大大提高。

（三）以产品本身做宣传

我们在与上海牌手表门店负责人邵先生的访谈中了解到，上海牌手表几乎没有做过任何形式的宣传。初闻真是百思不得其解，后来经过仔细查阅资料，上海牌手表同兰博基尼汽车品牌等企业坚持同样的营销策略，对自己的产品绝对自信，以产品本身作为品牌的宣传手段，每卖出一块手表，上海牌手表的口碑就会更好，这也与上海牌手表"质量第一、服务至上"的企业理念脱不开关系。一代代表匠传承下来的"精益求精"的企业精神也为这种"产品即宣传"的营销策略提供了最根本的保障，坐拥这些优良条件，上海牌手表应继续坚持"产品即宣传"的营销策略，这将会帮助上海牌手表走得更远、飞得更高。

经久不衰，继往开来

上海牌手表的故事为其他商业老字号的发展提供了成功的经

验，上海牌手表发展至今，他们反复改进产品，追求极致，不断突破创新，潜心研发。从手工打磨到全自动到多功能到时尚化、精致化，从最早的自主制造机芯，到后来的"陀飞轮"全自动手表，再到航天表，上海牌手表创新研发的脚步从未停止。

20世纪80年代，在海外涌入的电子表和石英表的冲击下，上海牌手表面临衰落的危机，其全方面的分析环境和自身的优劣势，经营思路改变为"为世界中低机械表制造机芯"，从而扭转了困难的局面。2014年上海牌手表追求"年轻化复古风格"，顺应时下的复古思潮，特别推出的几款纪念版手表，市场都有不错的反响。

上海牌手表以"精益求精"为企业精神，以"质量第一、服务至上"为企业理念，以"通过顶层设计，引入新的投资者，以品牌历史，产品优势，与战略投资者建立长期合作关系"为愿景，不忘初心，砥砺前行。他们锐意进取，潜心研发，追求卓越；他们钻一行，精一行，一丝不苟，爱岗敬业；他们继承优良传统，推陈出新，延续百年老字号的品质。工匠精神在一代又一代的继承者和传承者身上体现得淋漓尽致。

作为中国人生产的第一块手表，上海牌手表是80、90后父辈的集体记忆，特意注册了"首表"商标，且以上海这座城市命名。"作为那个时代的记号，'上海牌手表'成了如今年轻消费者产生感情联系的天然纽带。"上海表业销售部经理马树德说。在当时自力更生、奋发图强的精神鼓舞下，上海牌手表打破了中国只能修表不能制表的历史，成为中国人民的志气和荣耀，民族自豪感油然而生。它的每一秒钟走时，都坚定地记录下，上海发展的脚步。

在当下的互联网时代，手表的定位已经从工具逐渐走向首饰、奢侈品，上海牌手表也在努力打造自己的品牌，依托百年的传承和民族的情怀，上海牌手表明确自身产品定位的同时积极开拓国外市场，试水跨境电商，"品牌出海"，现已出口60多个国家和地区，这为上海牌手表的未来发展提供了良好基础和更大的空间。